向孔子学教育

XIANG KONGZI XUE JIAOYU

杨奔
龙昭雄
黄晓露
刘浩
著

漓江出版社
·桂林·

图书在版编目（CIP）数据

向孔子学教育 / 杨奔等著. -- 桂林：漓江出版社，2023.11
ISBN 978-7-5407-9616-7

Ⅰ.①向… Ⅱ.①杨… Ⅲ.①孔丘教育思想—研究 Ⅳ.①G40-092.25

中国国家版本馆CIP数据核字（2023）第202568号

向孔子学教育
XIANG KONGZI XUE JIAOYU

作　　者	杨　奔　龙昭雄　黄晓露　刘　浩
出 版 人	刘迪才
策划编辑	黄　圆
责任编辑	吴　桦
助理编辑	兰　超
装帧设计	曾　意
责任监印	杨　东

出版发行　漓江出版社有限公司
社　　址　广西桂林市南环路22号
邮　　编　541002
发行电话　010-85891290　0773-2582200
邮购热线　0773-2582200
网　　址　www.lijiangbooks.com
微信公众号　lijiangpress

印　　制　广西壮族自治区地质印刷厂
开　　本　787 mm×1092 mm　1/32
印　　张　6.25
字　　数　115千字
版　　次　2023年11月第1版
印　　次　2023年11月第1次印刷
书　　号　ISBN 978-7-5407-9616-7
定　　价　39.00元

漓江版图书：版权所有，侵权必究
漓江版图书：如有印装问题，请与当地图书销售部门联系调换

序 言

孔子是我国古代伟大的思想家、教育家和政治家。他创立的儒家思想博大精深、源远流长，是中国传统文化的重要组成部分，对中国的社会历史发展产生了深远影响，对世界文明进步与人类社会的发展都有着积极的促进作用。

孔子十分重视教育，首开私学之风，毕生身体力行。在长期的教育实践中，他逐步形成并总结了一系列内涵丰富的教育思想，如有教无类、德育为先、教学相长、启发诱导、因材施教等，这些思想对当代我国以及世界教育仍产生着积极影响。

如何从孔子那里汲取智慧？仁者见仁，智者见智。《向孔子学教育》从孔子的教育思想宝库中精心归纳，并结合现代教育生活，从17个方面将孔子的微言大义尽情演绎。

认真阅读之后，我认为《向孔子学教育》有以下几个特点：

诠释经典准确得体。本书所有论述的出发点主要来自记录孔子经典语录的《论语》。看得出，著作者对《论语》十分熟悉，理解相当到位，对经典语句的诠释准确、得体。

紧密结合现代教育。本书展现了我国现代教育生活的诸多侧面，教育教学案例丰富精当，看似信手拈来，实则精心挑选，其中蕴含着孔子教育思想的精髓，对读者尤其是教育工作者有着特别的启发意义。

史料佐证恰如其分。书中引用了相关史料，如孟子、朱熹、韩愈、荀子、廉颇等人的语录和典故，对所阐述的问题进行补充说明，十分恰当有力。

平实流畅可读性强。本书内容平实，语言流畅，历史和现实的案例基本采用故事方式陈述。一些具体案例中对话多，读起来如身临其境。同时本书与时俱进，对相关教育政策、课程改革进行了精当的解读，有较强的现实指导意义。

感谢杨奔、龙昭雄等同志的辛勤耕耘，为我们奉上这本经典与现实结合的可心读物。

兴奋之言，权作为序。

顾明远
（作者系中国教育学会原会长、教授）

contents | 目录

001 · 先富后教
是欲教之先富之，还是欲富之先教之？

008 · 有教无类
每个人都有接受教育的权利，不受任何条件的限制。

014 · 环境育人
好的环境可促人成才，坏的环境可毁人一生。

019 · 爱生有方
爱是一种伟大的力量，没有爱就没有教育。

031 · 全面发展
社会需要多面手，成长亦需要更多的可能。

041 · 终身教育
明白了学无止境，便可日日有新知。

047 · 德育为先
育德先于启智，使心有尺度，胸怀仁爱。

067 · 言传身教
身教重于言传。师者，当以身作则，言行如一。

075 - **诲人不倦**
 不厌其烦，不辞其苦，爱心、诚心和耐心缺一不可。

084 - **因材施教**
 教育须因人而异，才能事半功倍。

091 - **启发诱导**
 以设问启发、循循善诱，换茅塞顿开、举一反三。

102 - **个性教育**
 千人千面，百人百性，每个人都有闪耀成星的可能。

115 - **问题教学**
 创设情境，变讲为导——导疑、导趣、导思、导法、导练。

135 - **教学相长**
 生可以为师，师亦可为生。教学互促，共同进步。

153 - **好学之道**
 好学、博学、乐学，终有所成。

165 - **善学之途**
 学思结合、知行合一缺一不可，不能偏废。

179 - **严谨求实**
 不凭空猜想，不绝对肯定，不拘泥固执，不自以为是。

先富后教

是欲教之先富之,
还是欲富之先教之?

> 子适卫，冉有仆。子曰："庶矣哉！"冉有曰："既庶矣，又何加焉？"曰："富之。"曰："既富矣，又何加焉？"曰："教之。"
>
> ——《论语·子路》

◆ **白话译文**

孔子到卫国去，冉有赶车。孔子说："这里的人真多啊！"冉有说："人已经很多了，下一步应该怎么办呢？"孔子说："让他们富裕起来。"冉有说："人民已经富裕了，下一步又该怎么办呢？"孔子说："那就教化他们。"

◆ **古人成果**

人多了，富有了，这是治国的基础，但更重要的是教化民众，也就是办教育。民众的文化素质提高了，社会才会真正安定团结，人民才能过上安居乐业的生活。因此，孔子开办学校，当上了老师。他先后教过3000名学生，拔尖的学生就有72名。孔子当老师，真正做到了"学而不厌，诲人不倦"。他常对学生说："学到了知识，又经常复习并进行实践，不也是令人高兴的吗？有好朋友从远方来，不也是令人快乐的吗？人家不了解我，我也不怨恨，不就是君子吗？"他还教育学生说："弟子们，到父母跟前，要孝顺父母；出门，要敬爱兄长；行事谨慎，言语信实，爱护群众而又亲近仁人。这样做了还有余力，就去学《诗》《书》等六艺之文。"

"先富而后教"的思想，也是孔子的治国之道。让人民富裕起来是十分重要的，《管子·治国》说："凡治国之道，必先富民。民富则易治也，民贫则难治也。"管子在这里只提了要富民，而没有提办教育让人民受教化的问题，孔子却提出来了，这是十分难能可贵的。对人民既"富之"，又"教之"，就有点像现在我们所说的既要抓物质文明建设，又要抓精神文明建设，把富起来的人民，教化成为有道德、有文化、懂礼义、知廉耻的人。

◆ **今人实践**

继孔子之后，我国历代积极献身于教育事业的人不少。相较于孔子提倡并实践的"先富而后教"，后人另辟蹊径，以"教而促富"的方式实现了精神文明建设对物质文明建设的反哺。

当代的王思明于1968年起担任陕西省延长县罗子山乡下西渠村的小学民办教师。下西渠村距离延安市160公里，距离延长县县城也有80公里。人们常说这里是"十里同村，隔山为邻"，自然条件十分恶劣，经济非常落后。全村只有47户村民，176口人，20个劳动力。直到20世纪80年代，这里还是靠毛驴进出。

下西渠村小学是个多级复式小学，学校7个年级只有王思明一个教师。每堂课45分钟，一个年级只能讲6分钟。加之这里的学龄儿童因缺乏良好的文化环境，近亲结婚，先天素质不好，其教学难度是城市教师无法想象的。

多年来，他扎根山区，献身教育，创造性地开展勤工俭学活动，自己动手，艰苦创业，改善办学条件。学校由最初的两孔破窑洞发展到一座两层12间、340平方米的现代化"小洋楼"。而且从1970年起，村里就实现了免费教育，全村适龄儿童入学率、巩固率、合格率、按时毕业率均实现了100%。从1971年算起，这所学校18届91名毕业生，全部升入了初中。后来，有30名取得了大中专文凭，其余的也都成了当地经济建设的带头人。

王思明在搞好教学工作的同时，还充分利用学校这块阵地，积极搞好村里的精神文明建设。20世纪70年代初，他用勤工俭学得来的50元钱，给学校买回一台自鸣钟，全村人都跑来看稀罕，觉得挂钟很神秘。接着，他又给学校买回了可以对讲、收音、扩音和电唱的四用机，并给各户村民接通了有线广播，把学生琅琅的读书声和优美的歌声传到各家各户。1976年，他用学校种土豆收入的50元钱，买回高音喇叭。随着勤工俭学收入的增加，1989年，他又亲自跑到西安买回一台风力发电机，使祖祖辈辈在煤油灯昏暗的光线下生活的下西渠人，第一次见到了人类文明的象征之一——电灯。后来，王思明还买了台20英寸的彩电带回学校，小山村更热闹了。每当夜幕降临，村民们就争先恐后地聚集在学校看电视，享受现代文明带来的幸福。

王思明老师自己动手，艰苦创业，呕心沥血办教育，创造了人间奇迹，堪称教育战线一面鲜明的旗帜，是当之无愧的教育工作者的楷模。王思明老师扎根山区，献身教育，提高了全村人的文化素质，培养出一批经济建设的带头人，促进了全村的精神文明建设，充分体现出教育所具有的经济功能、政治功能、文化功能和生态功能。

◆ **总结反思**

"先富而后教"的思想对人类社会进步有积极而巨大的影响。现代教育学科研成果指出，教育作为一种与社会经济相联系的现象和活动，主要是由社会生产力的发展水平决定的。社会生产力是教育发展的物质基础，而物质基础是教育发展的前提条件，如要有一定的人力、物力和财力，具体包括教育资金、教育技术设备、教育场地、师资建设等。

一般来说，社会生产力发展到一定的水平，教育才能达到相应的程度，生产力的发展水平与教育发展水平具有一致性。如果抛开社会生产力发展水平，随意或盲目地发展教育，那就必然会违背教育与经济发展协调一致的客观规律。

同时，教育对生产力的发展也有很大的促进作用。首先，通过教育来发展科学技术，对生产力的发展起到了直接的促进作用；其次，通过教育来培养训练各种合格的劳动力和专门人才，促进了生产力的发展；再次，通过培养各方面的管理人才，提高现有的和未来的管理人员素质，也使得生产力不断地得到提高和发展。而当生产力发展到一定程度，人才的培养已经赶不上生产力发展的需求时，就要从"富而后教"适当调整为"教而促富"。

百年大计，教育为本。1985年5月19日，邓小平同志在全国教育工作会议上说："我们国家，国力的强弱，经济发展后劲的大小，越来越取决于劳动者的素质，取决于知识分子的数量和质量。一个十亿人口的大国，教育搞上去了，人才资源的巨大优势是任何国家比不了的。有了人才优势，再加上先进的社会主义制度，我们的目标就有把握达到。"

生产力的发展与教育的发展是互为依存、相辅相成、互相促进的关系。"先富而后教"与"教而促富"是对这种关系形象而生动的说明。因此我们不能把"先富而后教"机械地割裂开来，错误地理解为在抓经济建设的时候，可以把教育抛开不办。其实经济发展也一定伴随着教育的发展。这个"先"字，应作"优先""重点""基础"解。例如，中华人民共和国成立之初，国家的经济基础薄弱，人民的生活十分困难，党的工作重心从农村转移到城市，党和政府的主要力量放在恢复国民经济上，让城市的工厂正常开工，商店营业，农村进行土地改革，发展农业生产。这时虽然也办教育，但教育规模不大，处在次要的地位，服从于经济建设，教育是伴随着经济的发展而发展的。

孔子关于"富之""教之"的主张，完全符合邓小平理论，也完全符合马克思主义关于经济基础和上层建筑必须协调发展的规律性要求。"富之"属于经济基础，"教之"属于上层建筑，上层建筑要适应经济基础，两者必须协调发展。"富之"是物质文明建设，"教之"是精神文明建设，两者都要抓好，互相促进。

中华人民共和国成立后，特别是实行改革开放以后，人民富起来了，大办教育事业，实现了九年义务教育，在2013年时，我国教育规模已居世界首位。我国是世界上人口最多的国家，经济建设虽然有了长足的进步，但人均收入水平不高，国民的科学文化素质也有待提高。因此，大力发展教育事业必须长期坚持下去。

有教无类

每个人都有接受教育的权利,不受任何条件的限制。

子曰：『有教无类。』

——《论语·卫灵公》

- **白话译文**

孔子说："任何人都可以是教育的对象，没有阶级、贫富、地域等的区别。"

- **古人成果**

我国在春秋以前，普遍实行"学在官府"，这就意味着只有贵族和官僚子弟才能入学。孔子反对这种教育制度，并明确地提出了"有教无类"的主张，认为每个人都应该有受教育的权利和机会。孔子"有教无类"的思想，对中国几千年的教育产生了巨大的影响，也对人类文明做出了杰出的贡献。

孔子创办私人学校，践行"有教无类"的思想，并亲自执教。《论语·述而》："子曰：'自行束脩以上，吾未尝无诲焉。'"古人常用束脩作为初次见面的薄礼。这句话译成白话是："只要是亲自送来十条干肉作为见面礼的，我从来没有不教的。"现在有人说孔子既然提出"有教无类"的主张，为什么还要交十条干肉作为学费呢？我想孔子也是人，他也要吃饭穿衣，他当老师，政府没给他发工资，收点学费也是可以理解的。

孔子创办私人学校，共收弟子3000人，共计教育出贤者72人。这在我国教育史上实现了两个"首创"：一是首创私人办学，打破了"学在官府"的历史传统；二是首创平民教育，平民百姓也有接受教育的机会，打破了贵族对受教育权的垄断。孔子死后，孟子、荀子、墨子等文化名人也都创办学校。到了战国时期，办学之风极为兴盛。私立学校成为社会上思想最活跃的地方，直接或间接地促进了春秋战国时期诸子百家的学术兴旺气象，也促进了"知识阶层"的相对独立。

"有教无类"体现了以人为本的思想。入学不分贫富、地域、学历、身份，学校大门为所有人敞开，必然惠及平民百姓。在等级森严的封建社会里提出"有教无类"这样的教育原则，实属难能可贵，但是历代封建王朝没有真正实现"有教无类"，经济落后、政治制度落后是主要原因。

古代没有中学，小学一般是"七年制""八年制"或"十年制"，最短的也要三年。古代是"小升大"，小学读完直接升入太学、国子监一类的高等学府。然而，并非每个人都能"小升大"，乡村的学生就不可能。即便是在国子监读书的"官二代"也有名额限制，如宋代便将大学的升学率控制在50%。《宋史·选举志三》载，熙宁十年（1077年）推出面向宗室学生的宗子试法，规定"十取其五"。古代教育不公现象也很严重，宋代以后，教育不公问题受到重视。元明清三代，小学教育走向兴盛，特别是元代，大力推广乡村小学，要求"遍立学校"，五十为一社，"每社立学校一"，农村孩子受教育的机会大增。明清时期，由地方官府或慈善人士开办的义学（义塾）得到进一步发展。义学是免费的，解决了穷苦人家孩子"上学难"的问题，可视为古代的"希望小学"。

◆ 今人实践

中华人民共和国成立后，建立了社会主义制度，大力发展生产力，比起旧社会，有着极大的优越性，教育也有了较大的发展。但在相当长的一段时间里，由于教育法规受到极左思想的影响，也没有完全实现"有教无类"的原则。例如，1958年至1965年，高校招生就有"不宜录取"和"降格录取"的政策。按照当时的规定，考大学即使上了录取分数线，如政审不合格，也有人不被录取。"文革"期间，高考被取消，一度改为由基层革命委员会从工农兵中推荐选拔，并且不规定必须具备高中学历，可直接保送入大学。故而当时的大学生又被称为"工农兵学员"。孔子的"有教无类"思想被当作毒草，受到严厉批判。"文革"结束，国家拨乱反正，纠正错误，坚持搞有中国特色的社会主义，以经济建设为中心，物质文明、精神文明两手一起抓，坚持改革开放，迎来了"有教无类"的春天，入学读书不再讲家庭出身和社会关系了。

中华人民共和国成立时，全国文盲率80%，农村高达95%，人均受教育年限仅1.6年。2000年，85%以上的人口所在地区基本普及了九年义务教育，基本扫除了青壮年文盲。到2011年年底，全国所有县级行政单位全面普及九年义务教育。

此外，高中阶段教育也实现了快速普及。2002年高中阶段教育毛入学率达到42.8%，2012年高达85%，10年时间翻了一番，新增劳动力绝大部分接受过高中及以上阶段教育。职业教育也取得了重要突破。2012年中等、高等职业教育招生规模分别达到754万、315万，分别占到高中阶段教育和高等教育的一半。

之后，高等教育进入大众化阶段。1978年毛入学率为2.7%，1993年达到5%。1999年开始，高等教育发展步伐加快，2002年毛入学率达到15%，进入大众化阶段。2012

年，毛入学率进一步提高到 30%。

同时，学前教育加快发展。自 2010 年起，我国在全国范围内实施学前教育三年行动计划，各地新建、改扩建幼儿园 9 万多所，在园幼儿增加了 1000 多万，毛入园率提高了 13.6 个百分点，2012 年毛入园率达到 64.5%，提前实现"十二五"毛入园率 60% 的目标，"入园难"问题得到一定程度的缓解。

在各种层次的教育不断普及的情况下，我国进一步建立起从学前教育到研究生教育完整的家庭经济困难学生资助政策体系。2012 年，全国受助学生人数从 2006 年的 2700 万增加到 8400 万，资助金额从 200 亿元增加到 1100 亿元。

◆ 总结反思

当前，我国"有教无类"的教育形势是良好的，但还不够完善，还须继续努力。例如，还有些青少年面临着不能上学的问题；有的学校师资短缺，教学设备不足；城市教育和农村教育差距仍然很大；有的学校只重视重点班的教学，冷落普通班；有的教师对官员的儿女、富商的子弟关爱有加，在学业辅导上未能做到公平——这些不良的教育观念和行为都应该得到改变。在学校，以人为本就是以学生为本，对学生要一视同仁，一碗水端平，因为他们将来都是社会主义的建设者和接班人。

环境育人

好的环境可促人成才,坏的环境可毁人一生。

子曰：『里①仁为美。择不处②仁，焉得知③？』

——《论语·里仁》

- **白话译文**

孔子说："居住在有仁德之风的地方才是美好的。选择住处，不居住在有仁德之风的地方，怎么能算明智呢？"

- **古人成果**

所谓环境，包括自然环境和社会环境。其中社会环境对人的政治立场、思想观点、道德观念有着巨大的影响。2500年前的孔子就认识到了环境的影响力，十分重视教育环境的

---

① 里：邻里。周朝时，五家为邻，五邻为里。这里做动词用，意思是居住。
② 处：居住。
③ 知：同"智"。

作用，提出了环境育人的观点。

俗语说："近朱者赤，近墨者黑。"环境对人的影响是很大的，尤其是对青少年来说。战国时孟母三迁的故事就是个典型的例子。孟母很重视对儿子孟子的教育。孟子幼年时因住处靠近墓地，嬉游时"为墓间之事"，常和小伙伴们以模仿出殡、送葬为游戏，还挖土坑、堆土堆，大家一起跪在土堆前哭哭啼啼，没有把时间放在读书作文上。孟母觉得这样的环境对孟子的成长不利，便把家搬到街市附近。不料，孟子又学"贾人炫卖之事"，模仿商人做买卖。街市的环境非常复杂，常有商贩的叫卖声以及各种艺人在街头演出的敲锣打鼓声，有时还有群斗打骂的叫喊声。孟母觉得住处靠近闹市也不好，于是又把家迁至学宫旁。学宫就是学校。孟子常到学校观看，模仿老师上课、学生读书的样子，还学习各种礼仪，对人彬彬有礼。孟子对学习产生了浓厚的兴趣。孟母曰："真可以居吾子矣。"孟母终于找到了一个教育孩子的好环境。

◆ **今人实践**

现代教育科学研究成果表明，影响人类身心发展的主要因素有三个，即遗传、环境和教育。遗传因素是人的身心发展的物质前提和必要条件，而环境和教育才是人的身心发展的决定条件。

在这里重点讲一讲学校环境育人的建设。我国的学制为小学6年，初中3年，高中3年，大学本科4年，共16年之久。青少年在校的时间可谓长矣！各级学校都应重视环境育人的建设。

环境育人首先要重视对学校各式建筑的美化，在有限的资金条件下，因地制宜，做好校舍的建设规划，为学生创造一个良好的学习环境。

1926年，燕大迁到北京城外的新校址，并结合西方的建筑技术与中国的建筑装饰，建造了当时中国最漂亮的大学校园。校舍本身就体现了燕大人办学的目的：保存中国最优秀的文化遗产。1990年，燕京大学旧址被列为北京市重点文物保护单位。每个学校的建筑要像燕京大学一样美确实难以做到，但应该有美的追求，从实际出发，造出有自己特色的美丽校舍来。

如何从环境到人文进行整体规划，打造四美校园，有以下四点建议。

1. 自然环境美。有计划地对校园的空间进行绿化。植树、种草、栽花，使校园里既有通车、行人的林荫大道，也有曲径通幽的小路，错落地设置些石凳，供师生课余休闲。在适当的地方布置名人石刻或标语牌，营造浓郁的文化氛围。

2. 清洁整齐美。注意公共卫生，教室、卫生间等公共场所要每天打扫，同时注意保持清洁。要求大家注意个人卫生，做到按时作息，勤换洗衣服、被褥，坚持体育锻炼，增强体质。在宿舍里，脱下来的衣、帽、鞋、袜都要放在固定的位置，不要随手乱丢乱放。

3.和谐互爱美。学校的教风严，学风勤，要求学生德智体美劳全面发展。教师为人师表，学生团结友爱，引导大家用"己所不欲，勿施于人""温、良、恭、俭、让"等理念来处理人际关系，尽量减少人与人之间的矛盾。

4.制度规范美。建立切合实际、行之有效的各种规章制度，以制度管人。建立激励机制，表扬先进人物，使好人好事越来越多，坏人坏事越来越少。

爱生有方

爱是一种伟大的力量,
没有爱就没有教育。

> 伯牛①有疾,子问之,自牖执其手,曰:"亡之,命矣夫!斯人也而有斯疾也!斯人也而有斯疾也!"
>
> ——《论语·雍也》

◆ **白话译文**

伯牛得了重病,孔子去看望他,从窗口握着伯牛的手说:"不能活了,这是命啊!这样好的人竟得了这样的病!这样好的人竟得了这样的病!"②

◆ **古人成果**

孔子十分热爱自己的学生,为我们树立了榜样。孔子去看望不久于人世的学生伯牛,伯牛知道自己患的是恶疾,怕

---

① 伯牛:姓冉,名耕,字伯牛,鲁国人,孔子的得意弟子。
② 孔子任鲁国大司寇时,冉耕曾任中都宰,有德行。据说他得的是"癞病"(即麻风病),在当时是不治之症。

传染给别人，故不愿见人，把房门闩紧。因此，孔子只能"自牖执其手"，非常痛心地说："亡之，命矣夫！斯人也而有斯疾也！斯人也而有斯疾也！"孔子对学生的深厚感情溢于言表。

孔子对学生的爱，还表现在对学生的表扬和批评上。鲁国人在穷困的时候有被卖到别的国家做奴婢的，鲁国的法律规定，如果有人把这些人赎回来，鲁国政府会给其发放奖金。孔子的学生子贡从诸侯国赎回一个鲁国人，却推辞了奖金。孔子听到后，批评他说："赐（子贡名），这次你做得不对。奖金是为了奖善，取奖金无损于你的德行，而不取奖金，今后鲁国人就不会有人再愿赎人了。"

孔子认为做事情要有一个原则，就是帮助社会改良不好的风俗，而且教化百姓，给百姓做榜样。所以，不能随自己的爱好，喜欢怎么做就怎么做，要顾全社会大众。鲁国当时的社会状况是富贵人少，贫穷人多。如果因为一个人的行为，导致大家觉得赎人后接受政府的奖赏就好像自己不廉洁，今后还有谁敢做赎人后领赏的事情？因此，子贡赎人后应该欢欢喜喜地接受政府的奖励，这样才能鼓励社会上的富人把在外面做奴婢的本国人都赎回来，这才是好事情。如果赎人后不接受奖金就以为自己很廉洁，对自己来说是没问题，但是对整个社会来说就做错了。

孔子的学生子路看到一个人掉进水里，便将他救起。这个人非常感激,送给子路一头牛以表谢意,子路欣然收下。孔子听到后很高兴地说:"从今以后,鲁国勇于救人的人就会越来越多了。"孔子表扬了子路。一般人会认为,子贡不接受奖金值得赞叹,子路接受赠牛则比不上子贡。然而孔子的看法却不一样,他称赞子路,批评子贡。我们行善,若善的影响面广,时间长,这是大善,这个善便是"是";若影响面很小,时间短,这是小善,这个善便是"非"。所以,行善不在一时,而在于影响的时间;所得的利益不在于某个人,而在于令天下人受益。

子贡所做的是现行善,好像是善事,但他留下的却是不好的影响,这个影响会阻碍其他人去赎人回国,阻碍别人不就是害了人吗?所以,这似善,而实非善。子路救了一个人,人家送他一头牛,他接受了,好像是不善,但是这能影响别人,使其他人听说这件事后,会更积极地去救人,所以这是善。孔子善于运用表扬和批评的方法去教育学生,使之提高认识,并学会如何正确地为人处世,体现了老师对学生的挚爱之情。

孔子对学生的爱,还表现在对学生的坦诚相待上,把知识和做人的道理毫无保留地教给学生。《论语·述而》:"子曰:'二三子以我为隐乎?吾无隐乎尔。吾无行而不与二三子者,是丘也。'"译成白话是,孔子说:"你们这些学生以为我有所隐瞒吗?我对你们是没有任何隐瞒的。我无论做什么事，没有不能告诉你们的，这就是我孔丘的为人。"子贡曾说过："夫子之文章，可得而闻也；夫子之言性与天道，不可得而闻也。"意思是：老师关于文献方面的学问，我们听得到；老师关于人性与天道的理论，我们从未听到过。弟子们大概认为孔子智广道深，没有把自己的全部学问都拿出来教给他们，所以孔子说了这番话来做解释。其实学生平时只注意老师讲些什么，认为老师讲的才是学问，而对于老师平时的言行却未能留意观察，但是学问往往就寓于言行之中。孔子对学生很关注，所以当学生对他有一些疑虑时，就主动去与学生沟通，对学生讲真话，坦诚交流，表明自己向学生传授知识是没有任何隐瞒的。

孔子对学生的管教是很严厉的，而对学生严格要求也是一种爱。《论语·公冶长》："宰予昼寝。子曰：'朽木不可雕也，粪土之墙不可杇①也。于予与何诛②！'子曰：'始吾于人也，听其言而信其行。今吾于人也，听其言而观其行。于予与改是！'"译成白话是：宰予白天睡觉。孔子说："腐烂的木头是不可能再去雕刻了，肮脏的土墙不能再粉刷了。对于宰予这个人，还能批评他什么呢？"孔子又说："最初我对于人，是听了他的话就相信他会按所说的去做；现在我对于人，是听了他的话，还要观察他是否真的做了。宰予这个人

---

① 杇：同"圬"。泥工抹墙的工具叫"杇"，这里做动词用，意思是"粉刷"（墙壁）。
② 诛：责备。

使我改变了观察人的方法。"

"朽木不可雕也，粪土之墙不可杇也"这样的批评，是十分严厉的。是否太过分了？学生接受得了吗？在孔子所处的时代，老师的地位是很高的，天、地、君、亲、师，老师是至尊之一。一日为师，终身为父，学生视老师如同自己的父亲，对老师的批评是不能有怨言的。孔子的德行和学问都很高，加上孔子平时关心学生的生活、学习和思想，师生之间建立了深厚的感情，孔子在学生心目中的人格形象非常高大。孔子相信自己的严厉批评学生是能够接受得了的，学生也深知孔子对自己的批评是恨铁不成钢，是为了自己好，应该接受。宰予在孔子的严格教育下进步很快，也很有才。他与子贡在孔门弟子中，以语言著称。他熟悉历史掌故，对哀公问社，能以夏商周三代的风尚以告，曾任齐国临淄大夫。孟子称赞他"智足以知圣人"。

热爱学生是老师的天职，而学生在感受到老师无微不至的关爱时，也会发自内心地尊敬老师，这样就为搞好教学工作奠定了良好的基础。

◆ **今人实践**

我国的现代教育与孔子的教育已有很大不同，虽然老师对学生严格要求的精神没有变，严师出高徒的理念没有变，但教育的方式方法必须与时俱进，有所创新，不能生搬硬套过去的东西。如果现在的老师还责骂学生"朽木不可雕也，粪土之墙不可杇也"就十分不妥。

本书的作者之一龙昭雄从教50年，其中曾在中学任教24年，在教育学生方面有许多心得体会。他说："你热爱学生，做学生的良师益友，你就永远活在学生心中。"下面是龙老师爱护学生的二三事。

龙老师的班上有个学生喜欢抽烟，且烟瘾特别大。龙老师找他进行过多次谈话：讲吸烟会影响健康，甚至会得癌症，危及生命；讲吸烟会污染空气，也会危害他人的身体健康；讲学校纪律规定学生不准吸烟，吸烟就是违纪；讲吸烟还会加重家庭经济负担，等等。龙老师苦口婆心劝他戒烟，可是他就是戒不了。最后一次与他谈话，他反唇相讥："班主任你说吸烟有那么大的害处，为什么你也吸烟？"龙老师一听十分震惊，学生将军将到班主任的头上来了，一时间龙老师无言以对。片刻，龙老师觉得学生说得十分有理，于是就对他说："你说得有道理，我一定戒烟，我和你一起努力把烟戒掉，做一名戒烟勇士好吗？"他同意了，接着龙老师又在班上公开了这件事，让同学们监督，师生俩终于把烟戒掉了。

有一次龙老师到班上去收作文本，有个女同学在匆忙中连夹在作文本里的情书也一起交了上来，被龙老师在批改作文时看到了。当时龙老师想，这个女生如果是自己的女儿该怎么办呢？自己一定要说服教育她不要恋爱，让她把精力集中到学习上来，健康成长。于是龙老师找她到办公室做了一次较长时间的谈话。

龙老师先和气地让她坐下，然后平静地对她说："我在批改作文时，无意中看到你写的恋爱信，我没有恶意，请你理解，等下我把信还给你。"女生一下子紧张起来，羞得满脸通红，低下头，默默无语。龙老师也故意暂停片刻不说话，然后把话题一转，转到评论这封信的写作水平上来。龙老师说："这封信写得很好，条理清楚，结构完整，语言生动形象，内容健康，富有感情色彩，书写也很工整，如果是一篇作文，我可以打 96 分。"女生听到老师夸自己，自然而然没有先前那么紧张了。接着龙老师提出问题："这样好的文章，你写了多长时间？是一气呵成的吗？"她回答说："我花了两天时间，写成了觉得不好，又重写，修改了三四次才写好的。"龙老师说："这是一条写作经验，你三易其稿，说明好文章是练出来的；你修改多次才定稿，说明好文章是反复多次改出来的。"龙老师又问，"这篇文章的内容健康，是你的真实想法吗？"她说："我心里怎么想，我就怎么写出来了。"老师说："这又是写作的一条经验，文章内容要有真情实感，才能打动人。"龙老师又问她："你平时的作文，书写很潦草，错别字也不少，为什么这次写得那么漂亮呀？"她回答说："这是我第一次写这种信，我很认真。"

接下来，龙老师就有意把话题转移到中学生不要谈恋爱这个主题上来："世界上的事就怕'认真'二字，做什么事，只要认真就能做好。如果你在学习工作上也能这样认真就好了。现在你最重要的任务就是认真搞好学习……"老师因势利导，和她谈理想、谈前途，谈中学生谈恋爱的害处，规劝她以朋友关系对待同学，把精力集中到学习上来。她表态接受老师的意见，老师也把信还给了她，并答应替她保密，女生自此对老师充满了感谢和信任。

还有一次，龙老师上语文课的时候，有个学生举手提问："我有个问题请教老师，人们放屁的时候，为什么会有臭屁与香屁之分呢？请老师回答。"顿时引得全班同学哄堂大笑。龙老师马上挥手示意，让同学们止住笑声，安静下来。然后，龙老师认真地回答道："刚才这位同学提出的问题有点意思，但是这涉及相关的化学知识，与现在我上的这堂课的内容无关。请这位同学课后到我办公室来，到时我再作答好吗？"接着，龙老师继续平静地上课。课后，龙老师果真对这个同学的提问做出了科学的回答，并对他说："世界上有许多科学家的创造发明，开始都与发明者的好奇心、求知欲有关，如果你的提问动机也是如此，可谓难能可贵，值得表扬。"学生听了之后，不好意思地对龙老师说："班主任，对不起。我不是故意的，原因是那时刚好我的同桌放屁，我突发奇想，就把这个问题提出来了，没考虑到这个问题与本课内容无关，也没想到会引起同学们的哄堂大笑。"

龙老师也笑着对这个学生说："老师知道了，没事，你回去学习吧！"后来这个同学努力学习，考上了大学。

教师热爱学生的事迹还有很多，以下再举几个实例。

某高校大二的一个男孩，喜欢上一个女生。终于，他向她吐露了心迹，但遭到了拒绝。于是这个男孩借酒消愁，醉得一塌糊涂，半夜小解时，竟在厕所遇到了一个女生，女生立刻发出尖叫。第二天一早，这件事传遍了校园，校长非常生气地说："偷窥！无耻下流的偷窥！要严肃处理！"男孩的女辅导员李老师对校长说："不可能吧？这个男生平时表现很好。"她对偷窥这个定论提出了异议。李老师叫来那位女生询问，女生不容置疑地说："厕所的灯光很亮，就是他！"李老师又单独找男孩证实，男孩说是喝了酒不小心误入，他感到事态严重，不停地流泪。接着李老师又带着校长前去事发现场，可任凭校长开了关，关了又开，女厕所的那盏灯一直不亮。于是，他们便做出如下判断：男孩进的是男厕所，女生却在夜里迷迷糊糊地误闯了进去。因为当晚只有男厕所的灯亮着，女生既然看到了男孩的面容，就只能是在男厕所内。事情终于得到了澄清。后来，男孩没有辜负李老师的良苦用心，出色地完成了学业，并继续攻读硕士学位。只有热爱学生又有高度责任感的老师才会敢于对学生犯的"错"提出异议，才会到事发现场去做深入的调查研究，也才使得事情真相大白，还给男孩尊严与光明。

在某校的一次段考中，一个男生的语文只考了59分。他找到任课老师说："老师，考试不及格爸爸会打我的，您就再给我的语文加1分吧，就1分。求您了！"老师说："绝对不能加分，但是，我可以借给你1分。不过这是要还利息的，借1还10，下次考试我要扣掉你10分，怎么样？要是觉得不划算就不要借了。"男生咬咬牙说："我借。"结果，在下一次考试中，他的语文得了91分，扣掉10分，净剩81分。这位老师为什么借分数给学生？一是有一颗热爱学生的心，他不想让学生挨家长的打；二是他充分相信学生的学习会有进步；三是他善于利用契机激励学生。那个借分的学生由于获得了老师的"赞助"，得到了老师的关爱，鼓起了奋斗的信心，从考试不及格到考得91分。

教育家陶行知先生给违纪学生发糖也是一个典型的实例。有一天，陶校长看到一名男生用砖头砸同学，遂将其制止，并让他到办公室等候。陶行知回到办公室，看见已在等候的男生，便掏出一块糖递给他："这是奖励你的，因为你按时到了。"接着陶先生又掏出一块糖递给他："这是奖励你的，我不让你打同学，你立即住手了，说明你很尊重我。"男生将信将疑地接过糖。陶先生又说："据了解，你打同学是因为他欺负女生，说明你有正义感。"陶先生接着掏出第三块糖递给他。这时男生哭了："校长，我错了，同学再不对，我也不能采取这种方式。"陶行知又拿出第四块糖说：

"你已认错了,再奖励你一块,我们的谈话也该结束了。"

◆ 总结反思

教师要热爱学生,爱是现代教育的第一法则,热爱学生是教师的天职。陶行知先生说过:"爱是一种伟大的力量,没有爱就没有教育。"因为有了爱,教育才有了良知。教师要把对教育事业的爱和对学生的爱融为一体,要像母亲爱孩子一样无私,像父亲爱孩子一样严格而慈祥,像兄长爱弟弟一样宽厚,像姐姐爱妹妹一样温柔又体贴,像哲学家爱真理一样执着。而且这种爱是面对全体学生的,一碗水端平,绝不厚此薄彼。老师爱学生,同时也会赢得学生的尊敬,有利于做好教学工作。

教师爱学生的事迹还有很多,他们一般都做到了以下四点:

第一,对学生有高度的责任感,把关心学生作为自己神圣的职责。

第二,对学生一视同仁,不仅要鼓励先进,还要帮助落后。

第三,既要严格要求,又要宽容体贴。

第四,全面关心学生,既要教导学生学好功课,又要关心学生的身心健康,改善学生的伙食,注意学生的个人卫生,组织学生开展体育锻炼,让学生健康成长。

全面发展

社会需要多面手,成长亦需要更多的可能。

子曰:『君子不器。』

——《论语·为政》

◆ **白话译文**

孔子说:"君子不像器皿一般只有一种用途。"

◆ **古人成果**

考察中外的教育史就会发现,早在2500多年前的春秋时期,伟大的教育家孔子就提出了全面发展的教育思想,主张人应全面发展,博学多才。我们知道任何教育活动,都有四个基本要素,即教育者、受教育者、教育内容和教育手段。教育内容是教育活动的基本要素之一。

孔子是我国创办学校的第一人,他十分重视教育内容。"子以四教:文、行、忠、信。"(《论语·述而》)译成白话就是：孔子用四种内容教育学生，即《诗》《书》等古代典籍和德行、忠诚、守信。其中，关于"文"有两种解释。一是《史记·滑稽列传》中所述："孔子曰：'六艺于治一也，《礼》以节人，《乐》以发和，《书》以道事，《诗》以达意，《易》以神化，《春秋》以道义。'"从史籍中，我们可以知道孔子当年办学校、当教师，教学内容主要是学习《礼》《乐》《书》《诗》《易》《春秋》这些课程，又称为"六经"。二是《周礼·地官司徒·保氏》中所述："保氏掌谏王恶；而养国子以道，乃教之六艺。"六艺即礼、乐、射、御（驭）、书、数。

从孔子的教育内容可以知道，礼、乐、行、忠、信是德育，书、数、诗、易、春秋是智育，射、御是体育。然而德、智、体是不能截然分开的，德育中包含有智育、体育，智育、体育中又包含有德育。《论语·学而》："子曰：'弟子入则孝，出则弟，谨而信，泛爱众，而亲仁，行有余力，则以学文。'"孔子说："弟子们，到父母跟前，要孝顺父母；出门在外，要敬爱兄长；行事谨慎，言语信实，爱护群众而又亲近仁人。这样做了还有余力，就去学习古人遗留下来的经典。"这段话也体现出孔子全面教育的思想，并且非常重视德育，主张把理论知识的教育与社会实践联系起来，强调一个"行"字。

◆ **今人实践**

全面发展的教育理念非常重要。马克思在他的《资本论》中指出："从工厂制度萌发出来了未来教育的萌芽，未来教育对所有已满一定年龄的儿童来说，就是生产劳动同智育和体育相结合，它不仅是提高社会生产的一种方法，而且是造就全面发展的人的唯一方法。"马克思的话，不但说明了全面发展教育是社会发展的需要，而且指出了对受教育者的培养途径。

毛泽东同志发展了马克思关于人的全面发展的学说，1957年2月，他在《关于正确处理人民内部矛盾的问题》中提出："我们的教育方针，应该使受教育者在德育、智育、体育几方面都得到发展，成为有社会主义觉悟的有文化的劳动者。"我国的教育法规定，"教育必须为社会主义现代化建设服务、为人民服务，必须与生产劳动和社会实践相结合，培养德智体美劳全面发展的社会主义建设者和接班人"。这里的三句话包含了三个内容，第一句话是说要坚持社会主义的办学方向，第二句话指明了对受教育者的培养途径，第三句话说的是培养目标。由此可见，全面发展教育在我国已被用法律的形式规定了下来，这既是历史经验的总结，也是今后前进的方向。

全面教育是教育领域最为核心的课题。在国家教育方针的指引下，我国的全面发展教育取得了显著成绩，但仍有不少学校在不同程度上偏离了轨道,去搞应试教育。他们片面追求升学率,不关注学生的全面发展,只重视智育,忽视德育、体育,劳动教育十分薄弱,严重地影响了青少年全面素质的提高和健康成长。

也有不少学校在坚持全面发展素质教育方面做出了显著的成绩,上海大同中学就是一例。大同中学创建于1912年,是一所历史悠久的名校。办学期间,大同中学培养了约40位院士,钱其琛、钱正英、丁关根、严济慈、曾培炎等名人都是该校校友,并先后与10余个国家20多所知名学校结成友好学校关系。学校的开放程度、现代化程度、办学知名度不断提高,其办学特色亦十分鲜明。

大同中学将培养学生的目标定位为:培养走向未来的大同人,应该有深厚的人文功底、扎实的科学素养、追求卓越的创新意识和应对未来挑战的能力基础。应该是"人格健全,基础扎实,学有特长""既怀民族情感,又有国际视野"的现代人。根据学校的培养目标提炼出八个方面的教育内容:全球意识与民族自尊、合作与竞争、民主与法制、网络意识与网络道德、创新意识与实践能力、创业与风险意识、科学精神与人文精神、交往与慎独。校本课程的建设立足八个学习领域,提供给学生丰富的可供选择的学习内容。

"保住底线""发展差异""鼓励冒尖"是大同中学在课程实施中始终坚持的原则。"保住底线"就是通过必修课程的设置，落实学科课程标准的共同要求，打牢学生共同发展的基础，为学生提供共同修习的课程，采用国家课程的部分内容；"发展差异"就是通过限定选修课程的设置，落实学科课程标准对不同发展方向的不同基础要求，发展学生不同的基础，采用国家课程和校本课程的一部分内容；"鼓励冒尖"就是通过自主选修课程的设置，满足学生个性化发展要求，为学生适应未来多样化的生活奠定基础，培养学生的个性特长，采用国家课程的部分内容和学校开发的课程。

课程设置兼顾学生发展的基础要求与学生的个性特长，体现了一种平衡意识。在保持学校高考升学率平均值这一底线的基础上，再发展学生差异、鼓励冒尖。大同中学的教改十分注意基础与特长、应试与素质之间的平衡，使学生得到了全面的发展。大同中学的经验值得我们借鉴。

◆ **总结反思**

自 1997 年以来，党和国家主要领导人多次指示要认真纠正应试教育的错误偏向，积极推进全面发展的素质教育。我国各级各类学校掀起了狠抓思想品德素质、科学文化素质、审美艺术素质、劳动技能素质、身体保健素质、个性心理素质等六个方面的素质教育，并且取得了可喜的成绩。但令人遗憾的是，有的学校并没有坚持下去，在全国推进全面发展的素质教育仍然存在很大的阻力和困难。为克服阻力，继续推进全面发展素质教育，当前亟须解决好以下三个问题。

第一，端正办学思想是推进全面发展素质教育的先决条件。

为什么不少校长、教师热衷于搞应试教育？有位中学校长坦言道："大家都在搞应试教育，你敢搞全面素质教育吗？县里给学校下达有升学率指标，历年来都是升学率与学校经费、师资配备、资金挂钩，如果升学率上不去，不仅什么都捞不到，而且我这个校长的位子也可能保不住，谁干？"这个校长的话有一定的代表性，一语道破了全面发展素质教育的阻力来源。

任何改革要想成功，首先要从转变观念抓起。校长、教师的观念要转变，学生、学生家长的观念也要转变，尤其是县（市）一级领导有较大的权力，是中小学教育的直接领导者，他们的办学思想会直接影响办学方向。中小学全面发展素质教育是基础教育，是关系到提高全民族素质的关键所在，是培养跨世纪人才的重大问题，是关系到"科教兴国"、实现中华民族伟大复兴中国梦的重大问题。因此，不仅要举办校长、教师学习班，也要举办一些党政领导短期学习班，研讨关于全面发展素质教育问题，促使大家转变观念、端正办学思想。做不到这些，要想推进全面发展素质教育是不可能的。

第二，建设一支高素质的师资队伍，是推进全面发展素质教育的关键。

在全面发展素质教育中，教师起着主导作用。教师不仅要向学生传授知识，还要传播人类先进的思想、观念，对学生进行道德教育。《中华人民共和国教师法》总则第三条规定："教师是履行教育教学职责的专业人员，承担教书育人，培养社会主义事业建设者和接班人、提高民族素质的使命。教师应当忠诚于人民的教育事业。"教师的素质如何，直接影响教育质量的高低。教师队伍建设是教育改革和发展的根本大计，我们要把教师队伍建设作为永远不变的工作重点来抓好。

对教师素质的要求是多方面的。

在政治思想素质方面，教师要有正确的政治方向，坚持四项基本原则，坚持党的改革开放总方针，坚持教育为建设中国特色社会主义服务，热爱、忠诚于人民的教育事业。

在职业道德素质方面，教师要以身作则、为人师表。教师在学习、工作、生活及个人品格方面，要在学生心目中起到模范作用、表率作用和榜样作用。教师要热爱学生，"学而不厌，诲人不倦"。教师要尊重学生的人格和自尊心，要倾注爱心，但也要严格要求学生。严格本身也是一种爱，是通过理性培养起来的一种对事业的高度责任感。

在知识和能力素质方面，教师要有扎实的专业基础知识。教师要教给学生某方面的知识，首先自己必须具备丰富的知识。要给学生一杯水，自己必须先有一桶水，才能从中选取最精华的部分传授给学生。教师的劳动是一种创造性的活动，是一种开发学生智力的活动。因此，教师要有很强的教学过程设计能力、生动形象的语言表达能力、有效的教育教学组织领导能力，还要有敏锐的观察力，随时了解学生的情况，做出准确判断，合理组织教育教学活动，不断提高教育教学质量。

在心理素质方面，教师要对教育工作有浓厚的兴趣，持之以恒地钻研专业知识和教学方法，对业务精益求精；要有丰富的感情，用自己健康的情感去感染学生，维持和谐的师生关系，从而收到良好的教育效果；要有坚强的意志、顽强的毅力，敢于和善于与困难做斗争，完成教书育人的任务。

在身体素质方面，教师要有健康的身体，有充沛的精力、耐力去完成教育工作任务。

加强师资队伍的建设，一是抓在职教师素质的提高，抓好继续教育培训；发挥学校教研组的作用，积极开展教研活动；加强个人在职自学。二是要抓好师范院校的教学改革。有人提出"全面发展素质教育，师范先行"，目前看来这个口号还是正确的。因为师范院校是培养师资的核心场所，师范院校的教育质量与中小学全面发展的素质教育质量血肉相连。

第三，依法治教是推进全面发展素质教育的保证。

加强依法治教是确保教育事业持续、稳定协调发展的需要。许多教育先进的地区和单位，都深刻地认识到依法筹措教育经费、依法加强教育管理、依法规范办学行为是发展教育事业的保证，是成功的经验。过去，我国的教育法规对我国教育事业的发展起到过十分重要的作用，今天应根据新的情况完善和建立新的各种教育法规，以保证全面发展素质教育的实施。

终身教育

明白了学无止境,便可日日有新知。

子曰：「吾十有五而志于学，三十而立，四十而不惑，五十而知天命，六十而耳顺，七十而从心所欲，不逾矩。」

——《论语·为政》

◆ **白话译文**

孔子说："我十五岁时开始立志学习；三十岁时能自立于世；四十岁时能通达一切事理而不会迷惑；五十岁时懂得了天命的道理；六十岁时能听得进不同的意见；到了七十岁时，能跟随心中所想去做，而不会逾越规矩法度。"

◆ **古人成果**

孔子的一生，是终身受教育的一生，终身学习的一生。孔子的母亲叫颜征在，非常重视对孩子进行早期教育。在孔子还不太懂事的时候，颜征在就买来很多乐器，有时自己为儿子吹弹，有时请人为儿子演奏，有时让儿子自己玩弄。邻里乡亲不解其意，颜征在便对人们说：孩子现在不懂事，但天长日久，他就会喜欢这些礼器。做人要讲根基，办事要按规矩，无规矩不成方圆。礼器最讲礼仪规矩，无章法演奏不出动听的乐曲。让孩子早一点懂得礼仪、音律、等级，对他日后的成长是至关重要的。

孔子在母亲的教育下，很小就懂得吹、拉、弹、唱，懂得礼仪规矩，懂得了音和音之间存在着节拍，符和符之间有着一定规律，人和人之间存在着千丝万缕的联系。音律调好，才能演奏出悦耳的音乐；人际关系调整好，才能安守本分，克己复礼。正是在礼仪的启示下，使他逐渐成为以"仁"为核心、以调整社会的人际关系为主体的儒家学派的创始人，成为中国古代伟大的思想家、政治家、教育家。

孔子3岁丧父，随着母亲在曲阜城厢过着贫贱无依的劳苦生活。他当过农民，种过地，放过羊，赶过车，做过工匠，还能歌善舞、懂武功，多才多艺，远近闻名。早年孔子曾做过季氏家臣，又任委吏（仓库会计）、乘田（管理牛羊）等小官。30岁后聚徒讲学，50岁后从事政治活动，任过鲁国中都宰、司空和大司寇，代行相事，历时3年左右。后周游列国，到过宋、卫、陈、蔡、齐、楚等国，企图获取官职，以便推行他的政治主张，终不被重用。晚年从事教育事业，并整理《诗》《书》等古代典籍，删订《春秋》，为保存古代典籍文化做出了杰出贡献。

孔子活了73岁,他生前曾自述成长历程,说自己15岁时就开始立志学习。立志学习十分重要,通过学习可以掌握知识、增长智慧,树立先进的人生观和世界观以提高精神境界。可以说,没有"十五志于学"孔子就不可能成为圣人。

人无志不立,怎样才能成才呢?孔子说:"兴于诗,立于礼,成于乐。"(《论语·泰伯》)可见"三十而立"的意思是说孔子在30岁左右,刻苦勤奋学习,精通礼,已经能自立于世。因为礼的核心是"中","中"就是"中庸"。子曰:"中庸之为德也,其至矣乎!民鲜久矣。"(《论语·雍也》)孔子认为,中庸是一种最高尚的道德,人们缺乏这种道德已经很久了。毛泽东曾说:"孔子的中庸观念是孔子的一大发现,一大功绩,是哲学的重要范畴,值得很好地解释一番。"

中国几千年的人生哲学提倡"中庸之道",凡事讲究"过犹不及",就是说"过头"和"不及"这两种行为状态都是有害的,不管是治理国家、管理经济,还是修养道德、为人处世,做任何事情最重要的就是要坚守中庸之道。中庸不是平庸无能、不思进取,而是让我们把握火候、掌握分寸地去进取。掌握了"礼",才能立足于社会。

"四十而不惑",孔子40岁就已经能通达一切事理而不会迷惑。智者不惑,孔子已经修养成为一个有大智慧的人了。

"五十而知天命","天"可以理解为大自然和人类社会;"命"为命根,可以理解为大自然和人类社会的命根,即规律性。对于大自然和人类社会，我们可称之为世界。"知天命"就是认识世界，认识客观世界的发展规律，认识世界给予社会每个人的责任。认识世界是为了改造世界。孔子看到春秋时期社会动荡，诸侯战争不断，心中对此非常不满。他主张恢复周文王时代实行的那些制度，周游列国做说客，可惜当权者未能接受孔子的主张。

"六十而耳顺"，孔子60岁时精神境界又上了一个台阶，正面意见和反面意见都能听得进去，心境平和，宽容大度。很多人都愿意亲近他、信任他。

"七十而从心所欲，不逾矩。"孔子70岁时心里怎样想便怎样做，顺应内心又不会逾越规矩法度，做到一举一动、一言一行都恰到好处，达到了自我完善的最高境界。

孔子把自己的人生分成六个阶段来阐述，文字上高度概括，言简意赅，体现了孔子终身教育的思想。在孔子看来，学习是终身的事情，并非某个时期、某一阶段的事，要坚持不断学习，"活到老，学到老"。孔子可谓终身教育思想的前驱。

◆ **今人实践**

孔子终身教育思想的伟大意义，我们还可以从现代的思想家、理论家那里找到理论依据。毛泽东同志曾说："情况是在不断地变化，要使自己的思想适应新的情况，就得学习。即使是对于马克思主义已经了解得比较多的人，无产阶级立场比较坚定的人，也还是要再学习，要接受新事物，要研究新问题。"胡锦涛同志说："要努力建设学习型社会，在全社会树立全民学习、终身学习的理念，通过多种形式和渠道的学习培训，使每个人都不断获得新知、增长才干，跟上时代前进步伐。"现在我们国家正在积极全面推行终身教育，努力办好学前教育、中小学教育、高等教育、各种类型的成人教育，举办各种类型的培训班、进修班，使每个人都不断从中获得新知识，增长新才干，不断跟上时代前进的步伐。终身教育是实现中华民族伟大复兴、实现中国梦的需要，是促进社会持续发展的需要。

◆ **总结反思**

2023年，中国新闻出版研究院发布了第二十次全国国民阅读调查结果，2022年我国成年国民人均纸质图书和电子书阅读量均较上年有所提升，人均纸质图书阅读量为4.78本，人均电子书阅读量为3.33本。我们应当意识到，立身以学为先，立学以读为本。学习是文明传承之途、政党先进之需、国家兴盛之要。我们要积极行动起来，学习，学习，再学习。

德育为先

育德先于启智,使心有尺度,胸怀仁爱。

子曰:"为政以德,譬如北辰①,居其所而众星共②之。"

——《论语·为政》

◆ 白话译文

孔子说:"用道德教化来治理国家,为政者就像北极星一样,自身居于一定的方位,而群星都环绕在它的周围。"

◆ 古人成果

孔子的政治理想是建立一个施行仁政的社会,主张"为政以德"。为政以德是孔子政治思想的核心。用"譬如北辰,居其所而众星共之"这样生动形象的比喻,说明为政者只要施行德政,人心自然归服,自然会受到人民的拥护和爱戴。

---

① 北辰:北极星。
② 共:同"拱",意为环绕。

孔子办学校当老师，要为国家培养德治的人才，必定是以德育为先。同时孔子还认为，所谓"为政"不是专指直接参与政治，参与社会教化工作也是"为政"，所以学校教育把德育放在第一位是很自然的事。学校的任务就是教书育人，应把育人放在首位，让学生学会为人处世。

《论语》一书，关于孔子的德育思想非常丰富，是一笔宝贵的文化遗产，我们要传承创新，古为今用，为建设中国特色社会主义教育服务。在这里列举部分关于德育的语录，供读者阅读研究。

1.子曰："弟子入则孝，出则弟，谨而信，泛爱众，而亲仁，行有余力，则以学文。"(《论语·学而》)孔子说："弟子们，在家要孝顺父母，出门要敬爱兄长，要谨言慎行、恪守诚信，爱护群众而又亲近仁人。还有余力的话，就再去学习古人留下的经典。"

这条语录内涵非常丰富：一是讲孝，百善孝为先，连父母都不爱，就更谈不上爱国、爱民；二是讲一个人要行事谨慎，不讲假话；三是讲要热爱人民群众，亲近道德高尚的人；四是讲如果上面这些都做到了，还要努力看书学习，努力提高自己。前面四条是做人的道德遵循，古人根据《论语》这条语录还专门写了一本书，名曰《弟子规》，广为流传。学校的德育也应该加强这方面的教育。

2.子曰："君子不重则不威，学则不固。主忠信，无友不如己者,过,则勿惮改。"(《论语·学而》)孔子说:"君子如果不自重,就没有威严,即使读书,也不会扎实。做人重要的是讲求忠诚,守信用。不结交不忠不信的人,有了过错就不要害怕去改正。"

孔子在这里特别强调一个人要自重,讲求忠诚,守信用,有了过错就不要怕改正。一个家庭讲诚信,家庭成员之间就能和睦相处;人人讲诚信,社会就必然和谐;国家讲诚信,人民就拥护;各国讲诚信,世界就必然和平。社会上出现的假货、假职称、假政绩,学生考试作弊、讲假话、犯了错误不愿改正等现象,都缘于诚信的缺失。所以我们要从孩子开始加强诚信方面的道德教育。

3. 子贡曰:"贫而无谄,富而无骄,何如?"子曰:"可也,未若贫而乐、富而好礼者也。"(《论语·学而》)子贡说:"贫穷而不谄媚奉承,富有而不骄傲自大,这种人怎么样?"孔子说:"可以了,但不如贫穷而乐道、富有而好礼的人啊。"

能做到"贫而乐、富而好礼",这是一个人品德修养很高的表现,也是孔子对待贫富的态度。古今中外,人群中总是有贫有富,而贫者中不少人往往悲观失望、怨天尤人,富者也有不少人飞扬跋扈、蛮横无理。所以,学校的德育也要进行"贫而乐、富而好礼"的教育。

4. 樊迟御,子告之曰:"孟孙问孝于我,我对曰:'无违。'"樊迟曰:"何谓也?"子曰:"生,事之以礼;死,葬之以礼,祭之以礼。"(《论语·为政》)樊迟为孔子赶车,孔子告诉他说:"孟孙氏问我何为孝道,我回答说:'不要违背礼。'"樊迟说:"这是什么意思?"孔子说:"父母活着的时候,要按礼法侍奉他们;父母死后,要按礼法埋葬他们,并按礼法祭祀他们。"

孔子在这里从三个方面对孝进行了阐释:一是父母活着的时候,按照礼的规定好好赡养父母,父母生病了,要及时治疗,细心服侍;二是父母去世时,要按礼法埋葬;三是将父母埋葬后,还要按照礼法每年祭祀他们。这些都是孝的表现。家庭是社会的细胞,践行孔子的孝文化是建设美丽、文明家庭的良方。因此,学校的德育也应该对学生进行孝文化的教育。

5. 子游问孝。子曰:"今之孝者,是谓能养。至于犬马,皆能有养;不敬,何以别乎?"(《论语·为政》)子游向孔子请教何为孝道。孔子说:"现在人们所讲的孝,只是能够奉养父母就行了。但是狗和马也一样有人养。如果对父母不诚心孝敬,那奉养父母与饲养狗和马又有什么分别呢?"

在这段话中,孔子举了个生动的例子来说明孝敬父母绝对不能像饲养狗和马那样,要有诚心,要从物质和精神两个方面下功夫,使父母快乐地过好每一天才是尽孝。

6. 子曰:"君子周而不比,小人比而不周。"(《论语·为政》)孔子说:"品德高尚的人能广泛交友却不拉帮结派,品格低下的人互相勾结而不顾道义。"

团结就是力量,革命队伍团结,是取得革命胜利的重要因素之一。因此,善于团结他人是一个人道德良好的表现之一,拉帮结派势必会破坏团结,不可取。对学生进行团结教育也是德育的重要内容之一。

7. 或谓孔子曰:"子奚不为政?"子曰:"书云:'孝乎惟孝,友于兄弟,施于有政。'是亦为政,奚其为为政?"(《论语·为政》)有人对孔子说:"你为什么不参与政治呢?"孔子说:"《尚书》上说:'孝啊,就是孝顺父母,友爱兄弟,并把这种风气带到政治上去。'这就是参与了政治,为什么一定要做官才算是参与了政治呢?"

不做官也能参政,这是孔子极具原创性且极为新颖的观点。一个家庭就是一个国家最小的单元,家与国的关系是互为依存的关系,如果我们都来学习孔子的这种思想,做到"修身、齐家",也就是参与政治了。

8. 林放问礼之本。子曰:"大哉问!礼,与其奢也,宁俭;丧,与其易也,宁戚。"(《论语·八佾》)林放问礼的根本是什么。孔子说:"你提的问题真是个重要的问题啊!就一般的礼仪而言,与其奢侈浪费,不如节俭朴素;办理丧葬大事,与其把丧事办得完备周到,不如内心真正悲痛地悼念死者。"

孔子用事实来说话,把礼的根本具体化了,变成让人看得见摸得着的东西。孔子的话流露出其尚俭戒侈的精神，学校的德育也应加强这方面的教育。

9.子曰："苟志于仁矣，无恶也。"（《论语·里仁》）孔子说："一个人如果立志去行仁道，那就不会去做坏事。"

"仁"是孔子思想体系的核心部分。"仁者爱人"，有了仁德，就能热爱人民，全心全意为人民服务。"忠恕"是仁的基本内容，今天讲忠是要忠于中国共产党，忠于人民。今天讲恕，是要做到"己所不欲，勿施于人"，这是人际关系的准则。"舍生取义，杀身成仁"，为了保护国家人民的利益，可以牺牲自己的生命。一个人如果真正立志行仁道，那就不会去做坏事了。所以学校的德育，要对学生进行"立志于仁"的教育。

10.子曰："富与贵，是人之所欲也；不以其道得之，不处也；贫与贱，是人之所恶也；不以其道得之，不去也。君子去仁，恶乎成名？君子无终食之间违仁，造次必于是，颠沛必于是。"（《论语·里仁》）孔子说："发财和升官是人们所盼望的，若是不通过正当的途径得到，君子是难以接受的；贫困和地位卑贱是人们所憎恶的，若是不通过正当的途径去摆脱，君子宁可不摆脱。君子离开仁，又怎能配得上君子之名呢？君子在任何时候都不应背离仁德，匆忙急迫时必定如此，颠沛流离时也必定如此。"

这段话道出了孔子"君子爱财，取之有道"的金钱观。

这里的"道"就是道义、道德。我们弘扬孔子的金钱观,引导人们用正确的态度来看待金钱,这对于建设一个经济发达且富有文明风范的社会有着十分重要的意义。

11. 子曰:"君子之于天下也,无适也,无莫也,义之与比。"(《论语·里仁》)孔子说:"君子对于天下的事情,不会考虑一定要怎样做,也不会考虑一定不要怎样做,而是服从于义理,义理要求怎样做就怎样做。"

孔子认为,君子在社会上立身处世要有准则,这个准则就是"义",即公道正义,什么事情能做,什么事情不能做,完全服从于义理。在整部《论语》里,公道、正义这些义理,都体现在孔子提倡的仁、义、礼、智、信五种道德之中。学校的德育,也应加强"义"的教育。

12. 子曰:"见贤思齐焉,见不贤而内自省也。"(《论语·里仁》)孔子说:"看见贤人,就应该想到向他看齐;看见不贤的人,心里就应该进行自我反省。"

在学校的德育中,应以典型的英雄模范为主要教材,组织学生学英模、做英模,积极向上,不断进步。也可以把不贤者当作反面教材,让学生反省自身有没有不贤者身上的那些缺点和错误,有则改之。

13. 子贡问曰:"有一言而可以终身行之者乎?"子曰:"其恕乎!己所不欲,勿施于人。"(《论语·卫灵公》)子贡问老师:"有没有一个字可以终身奉行的呢?"孔子说:"那就是'恕'吧！自己所不喜欢的，不强加给别人。"

"己所不欲，勿施于人"是一个人可以终身奉行的恕道，是"仁"的内容之一，是一种高尚的道德。"己所不欲，勿施于人"，每个人都可以从自己做起，从身边的小事做起，具有可操作性的特点。例如，你自己不喜欢被别人骂，那你就不要骂别人；你自己不愿意品尝痛苦，你就不要把痛苦强加给别人。如果人人都能奉行"己所不欲，勿施于人"这一恕道，就能化解许多矛盾，社会就能达到一种和谐的状态。所以，学校的德育应对学生进行恕道的教育。

14. 子曰："中庸之为德也，其至矣乎！民鲜久矣。"（《论语·雍也》）孔子说："中庸作为一种道德，应是最高尚的了！人民缺少这种道德已经很久了。"

孔子把中庸视为最高的道德，慨叹很少有人能做到。那么什么叫中庸呢？《中庸》这本书的第一章说："喜怒哀乐之未发，谓之中；发而皆中节，谓之和。中也者，天下之大本也；和也者，天下之达道也。致中和，天地位焉，万物育焉。"意思是说，在一个人还没有表现出喜怒哀乐的感情时，心中是平静的，不偏不倚的，所以叫作"中"。喜怒哀乐总是要表露出来的，但表露要有节度，无过无不及，这就叫作"和"。如果人人都能达到"中和"的境界，大家都心平气和，社会和谐，天下也就太平无事了。孔子认为一个人要做到中庸，必须使自己的言行、情感和欲望等适度、恰当，避免"过"与"不及"。"过犹不及"是一句富于哲理的格言，是对中庸之道最为生动形象的解读。

从以上所列举的 14 条语录来看，概括起来，孔子所提倡的道德就是仁、义、礼、智、信五德。

◆ 今人实践

古代伟大的教育家孔子重视德育，新中国的教育也非常重视德育。我国教育法规定："教育必须为社会主义现代化建设服务、为人民服务，必须与生产劳动和社会实践相结合，培养德智体美劳全面发展的社会主义建设者和接班人。"这就是我国的教育方针，方针的三句话包括三个方面的内容：第一句话是说要坚持社会主义的办学方向，第二句话指明了对受教育者培养的途径，第三句话指出了培养的目标。教育方针既总结了历史经验，又反映了时代特点，反映了教育工作者的意愿。这是各级各类教育都必须遵循的方针。德智体美劳全面发展是培养人才的目标，而德育则被放在了首位。我国教育法第六条规定，国家在受教育者中进行理想、道德、纪律、法治、国防和民族团结的教育；第七条规定，教育应当继承和弘扬中华优秀传统文化、革命文化、社会主义先进文化，吸收人类文明发展的一切优秀成果。这些规定体现了我国非常重视加强和改革学校的德育工作，也指示了德育的内容，包括爱国主义教育、集体主义教育、劳动教育、法治和纪律教育、文明行为教育，以及有关历史文化传统的民族精神教育。

我国学校的德育是取得了一定的成绩的，但仍有缺失。例如，某市有关部门在对优秀学生候选人进行考察时，曾有意将扫帚、抹布横在他们必经的走道上，结果绝大部分候选人或视而不见，或绕道走开了。而他们在道德知识的书面试题中却能对答如流。因此，不少教育工作者和家长都感到，现在一些孩子对自己、对家庭、对他人、对集体、对社会的责任意识比较淡漠。不培养孩子的责任意识，我们的教育就会差之毫厘，谬以千里。中华民族的伟大复兴，需要有高度责任感的人。在这方面教师和家长有不可推卸的责任。教化孩子成"责任人"，这是今天我们培养文明人、高明人、精明人的始点，更是一件功德无量的大事。[1]

现在许多学校的校长和教师已意识到道德教化的重要性。他们创造性地把孔子倡导的仁、义、礼、智、信传统美德与当代社会主义道德，即爱国守法、明礼诚信、团结友善、勤俭自强、敬业奉献的公民道德结合起来，与社会主义核心价值观结合起来对学生进行教育，并着力建设一支强大的德育队伍，学校、党、团、少先队组织及班主任、科任教师都是这支队伍的成员。他们在做好本职工作的同时，不忘

---

[1] 苏军：《教育101》，上海三联书店，2004。

做学生的思想政治道德品质的教育工作，使德育走向科学化、常态化。

在品德教育的方法上，许多学校也有所创新，他们根据本校的实际情况，开展了一些有针对性、富有个性的特色教育，收到很好的效果。在这里列举一些上海市的教例供读者参考。

一、民族精神教育

上海市水丰路小学分校认为，一个民族要自立于世界，除了需要拥有一定的物质财富，还需要拥有与人类进步相吻合的民族精神，于是他们决定在全校开展民族精神教育。要搞教育就要有载体，没有载体的教育是虚无的。因此，该校首先选择"中国画"作为培养学生民族精神的载体。学校把中国画的教学排进课程表，又利用现代教学媒体，建立了儿童中国画网站，通过办画展、现场观摩、网上教学及与延吉社区老人结对揣摩技法等形式，在全校师生中普及中国画知识，使大家从中了解中国文化。该校认为，教中国画不仅能传承古老的笔墨艺术，让学生体验力透纸背的艺术韵味，而且能让学生在走笔中洞悉历史承上启下的轨迹，增添民族的自豪感和自信心。同时，学生可以通过赏图习画，提升文化底蕴。尽管学生中未必有多少人将来能成为专业的画家，但习画给他们带来的文化内涵、品质修养和思维方法等，会成为一笔对他们影响深远的财富。许多年之后，学生们各奔前程，但小学阶段习画的过程和心得将会是一张有用的"心灵地图"。

该校还提出要同时围绕亲情、友情、乡情来展开教育工作。他们根据学生的年龄特点，为各个班精心设计了亲情链接、友情直达和乡情有约等系列活动，还将这"三情"的要求具体化，提出：亲情，让妈妈放心，为妈妈分忧；友情，为朋友解困，为朋友喝彩，为朋友争光；乡情，社区是我家，小人想大家，邻里是亲人，关爱记心头。这样就把教育落到了具体工作中，使之具有可操作性。

二、强化责任意识

上海市不少教育工作者和家长都感觉到，现在一些孩子对自己、对家庭、对他人、对集体、对社会的责任意识变得淡漠了：对自己没有责任感，得过且过而不思进取者有之；对家庭没有责任感，一味索取而孝心淡薄者有之；对他人没有责任感，敷衍了事而诚信淡漠者有之；对集体没有责任感，强调个人自由而不讲基本规则者有之；对社会没有责任感，一味埋怨而不愿奉献者有之。孩子责任感"后天不足"，各种不尽如人意的社会现象就会不断出现。

上海市杨浦高级中学调查过许多著名专家学者、企业领导及先进人物，发现支撑他们成功的一个必不可少的因素就是责任感，于是决定对全校高中生加强责任感的培养，并作为德育的切入口。具体做法包括：让学生感受现实，增强责任感；从小事做起，在实际岗位上体验需要承担的责任；与长辈对话，理解家庭责任；在对"负责"的思辨中，坚定对生活的责任意识；探究生命的意义，明确社会责任；走向明天，将自我责任和社会责任融为一体。主要采取的是由小到大、由浅入深、由表及里的渐进式培养方式。

上海师专附小采取高年级学生帮助辅导低年级学生学习的方法培养学生的责任感，也颇有特色。有的学校还和学生家长联系，校内外一起进行"责任感"教育。暑假刚开始，一位在机关工作的家长就给读初三的孩子布置了一项特殊的作业：要求孩子每天晚饭后洗刷饭碗。开头几天，这个孩子做得还有些兴趣，但5天后，孩子就叫嚷着要父亲用"奖励"来兑现，不出半月就再也不愿意做了。可这位家长很认真，坚持要孩子履行诺言。他说，不在乎孩子做多少家务，在乎的是孩子是否有责任意识。

三、加强自主意识

有不少学校的教育采用的是"命令式""指示式"和"规定式"，一味要求孩子做什么和不做什么。有所学校还制定了学生行为规范打分表，比如上课乱讲话扣几分，下课乱奔跑罚几分，广播操缺席班级集体降几分，反正有一条规范就有相应的具体加分和扣分标准。这样做的效果如何呢？许多学生都有被束缚的感觉，做得好的学生也只是为了做而做，有的学生在校内能做到，但一到校外就什么也不顾了。为什么会这样呢？因为他们的行动与学校的规定息息相关，并非发自内心的自主意愿。意识，从表面上看似乎无影无踪，但无时无刻不影响着人的行为。如前一刻还举着旗子宣传环境保护的孩子，却在回家的路上将雪糕纸随意抛在路上，因为"宣传"是被要求的行动，而孩子并没有形成自觉保护环境的"意识"，所以宣传完后一切照旧。孩子学习不认真，人们常常埋怨其不听话，却很少关注孩子是否有自主学习的进取之心和意识。

上海许多学校通过环境的营造、实践的体验，加强了对学生的意识教育，想方设法激发学生的自主意识，包括求知创新的意识、科学进取的意识、友好竞争的意识、诚实做人的意识等，因为任何学习行为、品德行为和交际行为都是在"意识大树"上结出的果实。教育的目的不在于传达什么指令，而在于使之形成引导正确行动的自主意识。

四、快乐的"规矩"教育

没有规矩，不成方圆，古今中外皆然。上海一师附小十分注重对孩子的"规矩"教育和训练，让孩子在快乐中养成"规矩"习惯，在"规矩"训练中获得快乐。在某年的"小红星节"上，该校举行了一个"快乐儿童团入团仪式"，一年级九个班的孩子以班级为单位昂首挺胸地走进会场。随着一声声口令，一道道风景迭出——老师说："立正!"孩子们说："站像一棵松!"背挺得笔直。老师说："稍息!"孩子们说："坐像一台钟!"刷的一声盘腿而坐，镇定自如。老师说："向前看齐!"孩子们说："队伍一条线!"一下子排起了整齐长队。老师说："原地踏步走!"孩子们说："走路挺起胸!"目视前方，手有力地摆动起来，个个训练有素。一师附小还有个铁定的"规矩"，每天早操过后有20分钟的快乐晨练，每个班每天以轮转的形式进行不同的体育活动，将跑、跳、投等运动项目形象地称为"草原骑兵""旋转烽火轮""空中芭蕾""飞跃彩虹"等，让孩子们跳跃、奔跑和投掷，从中获得跃起瞬间的快意、冲刺一跑和出手一投的快感。而在班级集体活动时，则要求孩子有"规矩"的表现。

一师附小从孩子们的站、坐、排队、走路着手，实施快乐的"规矩"教育。别以为这是低起点，这正是深邃教育思想的物化，有着不同寻常的意义。人们常说，性格决定命运，其实习惯也能主宰未来。"规矩"是习惯的一个核心要素。一种好的习惯，就是终身受益的营养。有时候，事成与不成，除科学之外，在很大程度上还取决于是否有好的习惯。孩子快乐，要有"规矩"；有了"规矩"的快乐，那是高层次的快乐，这同胡闹一气的快乐不可同日而语。离开了

"规矩"的快乐，说到底孩子不会得到真正的快乐，孩子如此，成人亦然。

五、"角色"体验活动

上海浦东新区第二中心小学在学校教育中对学生的"角色"培养有想法，开展的"角色"体验活动颇受学生们欢迎，成为课本之外的"活教材"、课堂之外的"大学堂"。

社会是有分工的，各行各业都需要有人去做，行行都能出状元。学校搞"角色"体验活动，就是要为培养社会需要的各式各样的人才做好准备。通过"角色"体验活动，培养学生全心全意为人民服务的思想、团结协作的精神及实际工作的能力等。这也是实现教育目的的一种方式，是课堂教学的有效延伸与拓宽，是教学方式的创新。

学校开展"角色"体验活动，搞得有声有色，生动活泼。例如，有一次游园会，模拟了许多社会场所，设置了许多职业"角色"，如网吧的网管、星星剧场观摩厅影吧的服务员、大队部门前鱼吧的捕鱼者、图书馆书吧的管理员、形体房的武术教练、宾馆的迎宾员、拍卖行的拍卖师、蔬菜馆的烹饪师、宠物馆的饲养员，等等。结果，许多同学各显神通，体验了不同的"角色"，从中悟出了书本上看不到的道理。从某种意义上说，学校教育就是让教育对象认识、端正并胜任"角色"。[①]

一些外国的教育经验也值得借鉴。法国某校的一堂社会公民课（相当于我国的德育课）的主题是"人要有同情心"。上课铃声一响，老师走进教室，然后边脱外套边对学生提要求："同学们，像我一样把外套脱掉。"孩子们很高兴地把外套脱掉了。脱掉之后，老师又提出一个要求："同学们，像我一样用一只手把外套穿上。"孩子们又很高兴地用一只手把外套穿上了。这时孩子们都在想：今天老师怎么叫我们又是脱衣服又是穿衣服？他到底在搞什么名堂？但是这让课堂氛围非常活跃。

接下来老师又提出一个建议："同学们，你们尝试两只手都不用，然后把外套穿上。"全班同学都傻了眼，你看看我，我看看你，面面相觑，不知该如何是好。整个课堂安静了下来。过了一会儿，孩子们的本性便表露了出来：有的孩子主动弯下腰低下头，用牙齿咬着另一个孩子的衣领叼起来，你帮我我帮你地把衣服穿了上去。在这个过程中，孩子们形成了一个基本共识：任何人在特定条件下，都有可能需要帮助，需要关心。

这节课还没上完，老师又提出一个要求："今天我为同学们准备了几把残疾人坐的轮椅，有兴趣的同学可以坐着轮

---

① 苏军：《教育101》，上海三联书店，2004。

椅出去玩一下，到大街上转一下然后回来。"孩子们非常高兴，摇着轮椅就出去了。一出校园，孩子们的心灵受到了震撼：只要经过的人，无论男女老幼都会主动去帮助他们，真心把他们当残疾人来爱护、关心。这个时候，孩子们的心灵又一次受到了洗礼：无论是残疾人还是健康的人，都需要相互同情，都要有同情心。

等孩子们回到教室，这节课的时间也差不多了。最后剩下一点时间，老师要同学们交流一下自己的体会。有的孩子反思说，那天在大街上看见一个残疾人，但是没有帮助他，现在很自责；有的说人要相互帮助；有的说人要有同情心。孩子们在这种轻松的活动与交流讨论的过程中达成了一致的意见——人要有同情心。

于是，这节"人要有同情心"的公民课讲完了，整个过程老师没有一句说教，全部通过创设情境，让同学们在活动中自己体验、经历与思考。

◆ **一点延伸**

孔子在治国方略中，主张德治与法治并举。子曰："道之以政，齐之以刑，民免而无耻；道之以德，齐之以礼，有耻且格。"（《论语·为政》）孔子说："用法制政令来治理，用刑罚来整治，人民虽然能想法逃避刑罚，却不懂什么是耻辱；用道德教化来治理，用礼仪制度来约束，人民就会有羞耻之心，而且会自觉地改过。"孔子认为德治能使百姓有知耻之心，自觉从善，走上正路。这是把外在的法律强制性的规范和内心的自觉道德约束结合起来，使人不敢做坏事，也不想做坏事。所以学校在进行法治教育的同时，也应进行德育。

言传身教

身教重于言传。师者,当以身作则,言行如一。

> 原思[1]为之宰,与之粟九百,辞。子曰:"毋!以与尔邻里乡党乎!"
>
> ——《论语·雍也》

❖ 白话译文

原思为孔子做总管家,[2]孔子给他小米九百斗,原思推辞不要。孔子说:"不要推辞!(如果有多余的就)拿给你的邻里乡亲吧!"

❖ 古人成果

一个优秀的教师,在教书育人的过程中,常常以身作则,言传身教,对学生进行思想和品德教育。在这方面,古

---

① 原思:姓原,名宪,字子思。鲁国人。孔子的学生,小孔子 36 岁。有节操,以安贫乐道著称。
② 孔子为鲁国大司寇时,原思曾担任孔子家中总管。

代伟大的教育家孔子为我们树立了榜样。

也许有人会说,既然原思推辞不要,孔子把这九百斗小米留下来,然后转送给缺粮的穷人不是一样吗?其实这两者的性质是完全不同的。这九百斗小米本来是属于原思的,你拿原思的东西送给别人,别人只会感谢你,而不会去感谢原思。孔子认为这样做是不义的,所以孔子告诉原思可以把这些小米送给家乡的人。孔子就是这样运用言传身教的方法教会学生做人的道理的。

> 宪问耻。子曰:"邦有道,谷;邦无道,谷,耻也。"
> "克、伐、怨、欲不行焉,可以为仁矣?"子曰:"可以为难矣,仁则吾不知也。"

这两段话出自《论语·宪问》。邦,指国家;谷,即谷米,这里指当官拿俸禄。克,意为争强好胜;伐,即自夸;怨,指怨恨;欲,指的是贪心。原思问什么叫耻辱。孔子说:"国家有道,可以做官拿俸禄;国家无道,仍做官拿俸禄,就是耻辱。"原思又问:"将好胜、自夸、怨恨、贪心这些缺点都克服了,可以算做到'仁'了吧?"孔子说:"可以说是难能可贵了,若说这样就算做到了'仁',我还不能确定。"

什么是耻,这是一个十分重要的问题。"邦有道",你拿俸禄是可以的；"邦无道"，你不能独善其身，还贪恋富贵，甚至助纣为虐，这就是可耻的。孔子曾做过一段时间的官，但为官清廉，两袖清风。孔子认为，"士"活着，就应该为社会、国家做贡献。能否"知耻"，是涉及一个人的人生观、价值观的问题。

原思对自己的要求很严格，做到了"克、伐、怨、欲不行焉"，孔子表扬了他，肯定这是难能可贵的，但还不是"仁"。为什么还不是"仁"？原思在这里没有追问，孔子也没有进一步告诉他，也许孔子是想让原思自己去悟吧。原思遵循孔子的教导，终身不仕。孔子死后，原思隐居在卫国的草泽中，过着贫苦的生活。子贡有一次去看望他，见他穿着破烂，生活困苦，就问："你是否病了？"原思说："我听老师说：没有钱叫作贫，学了道而不能去行道叫病。我是贫，不是病。"子贡听完很惭愧地走了。可见老师的言传身教对学生的影响是多么大。

◆ **今人实践**

现代教育的方法和手段有了很大的发展，日新月异，层出不穷，但是教师言传身教的传统不可抛弃。由于青少年学生正处在长身体、长知识的阶段，模仿能力很强，可塑性也很大，因此教师的政治观点、思想感情、风纪仪表等，都会在教学、劳动、文体、生活等方面，在与学生接触的过程中，对学生产生重要的影响。教师的一言一行，无时无刻不在潜移默化地影响着学生。例如，你教育学生要热爱劳动，但当你带领学生搞校内清洁大扫除的时候，身为老师的你不参加劳动，只是袖手旁观或指手画脚，命令学生干这干那，学生心里会怎么想呢？如果老师积极主动，哪里最脏就到哪里去打扫，挑重担，干重活儿，学生心里又会怎么想呢？所以言传身教，身教是十分重要的，身教重于言教。

某初中三年级（2）班的班主任是个非常年轻的女老师，才 21 岁，教班上的数学课。开始，许多学生对她做班主任和教数学都有疑虑，担心她不能胜任。然而接下来发生的一切证明，她的教学很棒，该班每次段考、期考都是全校第一，班风也稳居全校领先位置。其中有一件事给同学们留下了深刻的印象：中考那年，突然加试体育。当时学习很紧张，很多同学都有放弃体育分的念头。可是班主任却要求和鼓励学生一定要参加体育考试，并认为可以此为契机，让同学们加强体育锻炼，增强体质。于是，每天天还没亮，她就早早地到宿舍去把全班同学叫醒，带领同学们到校外跑步。一个早上跑一两公里的路，同学们都感到十分辛苦，可是一看到班主任的身影都感动了。这位老师虽然年轻，却很瘦弱，身高 1.58 米，体重才 39 公斤。同学们想，老师都可以坚持，我们有什么理由放弃？后来，同学们习惯了就自觉起床，每次都能看到老师在树下等他们。有一天下起了小雨，同学们以为不用跑了就睡懒觉。老师在树下等了半个小时不见人来，就到宿舍去把学生们喊起来，语气还是一如往常，没有半句责骂。当时许多同学鼻子酸酸的，流下了热泪。那年中考，包括体育考试在内，全班取得了突出成绩，也增强了身体素质。这就是教师言传身教、为人师表的强大力量。

言传身教的例子还有很多。某班的班会课上，班主任李老师教育学生要保持教室清洁，可是第二天，李老师刚走到教室门口，便发现地上赫然躺着一张废纸。李老师一声不响，弯下腰捡起了那张废纸，然后又从教室的其他角落里先后捡起了三四张纸。在向废纸篓走去的时候，李老师悄悄地瞥了同学们一眼，同学们一个个面带愧色。这时，班中一个机灵的小家伙也弯下腰，捡起一些更小的碎纸片。接着，两个、三个、四个……班中所有的学生都加入了捡废纸的队伍。

李老师让同学们都坐好，然后走上讲台，开口道："同学们，通过刚才的捡纸，我发觉它的好处有两点：一是保持了教室环境的清洁，二是通过弯腰锻炼了身体。"同学们不禁被李老师的风趣幽默给逗乐了，教室里的气氛一下子活跃了起来。李老师忍住笑，继续一本正经地问同学们："现在的教室环境跟刚才比，有什么不一样？""比刚才干净了。""我觉得在这样的教室里读书，心情会很愉快。""这里一张纸，那里一张纸，教室就成了垃圾堆，让人看着都不舒服。"同学们纷纷发表了自己的看法。"说得真好!"李老师因势利导,说道:"班级的环境卫生犹如一件外衣,再漂亮的衣服如果上面沾满了灰尘,也会失去原有的亮丽。因此,只有我们每位同学都来关心班级的环境卫生,才能使班级面貌焕然一新,才能体现班级良好的风貌。"同学们静静地听着,默默地思考着……

◆ **总结反思**

在上文中,教师刚刚教育过学生要保持教室的清洁,第二天便发现教室里又出现了废纸。这说明教育不是一次就能做好的,要让学生养成一种好习惯,要靠长期的教育培养。此外,言传不应是生硬的训斥、说教,而应是风趣幽默的沟通、交流,要运用教育的艺术。更重要的是,身教重于言教,老师要带头,学生才会跟着学。

总的来看,一名优秀的教师需要做到以下几点,才算真正做到了言传身教。

1. 做语言的表率。学生大多数时间都是在学校里度过的,也就是说他们每天的大多数时间是在老师的熏陶和影响下生活的,加上处在这个年龄阶段的学生又喜欢听老师的话,乐意模仿老师的言行,因此教师就必须用规范、文明、人性化的语言去影响他们。

2. 做仪表的表率。一位优秀的教师,良好的外在形象是非常重要的。当教师走进教室、踏上讲台的那一刻，学生的目光都聚集在其身上。教师什么样的着装，什么样的发型，都会成为学生视觉的焦点，也会成为他们模仿的对象。因此，教师应该注重自己的外在形象，给学生正确的引导。

3. 做行动的表率。无声的"身教"比有声的"言教"影响力更大，也就是我们常说的"榜样的力量是无穷的"。我们经常会发现，学生虽然听老师的话，但不一定会照老师的要求去做，可是当我们把语言落实到行动上时，就有可能会带动一大批人。

4. 做言行一致的表率。部分教师有时会出现语言和行为脱节的情况，说的和做的不一致。长此以往，学生看在眼里，也会养成言行不一的坏习惯，这一点是教师尤其需要重视的。

5. 做批评与自我批评的表率。正确开展批评与自我批评，是促进个人进步的动力，也是教师进行自我道德修养的一种方法。教师经常开展批评与自我批评，能在学生面前展示真诚、朴实、知错就改的一面。在学生面前主动承认自己的不足、错误并及时纠正，不仅不会丢掉自己作为老师的尊严，相反还能提高自己在学生心目中的威望。

诲人不倦

不厌其烦,不辞其苦,爱心、诚心和耐心缺一不可。

> 子曰：「默而识之，学而不厌，诲人不倦，何有于我哉？」
>
> ——《论语·述而》

- ◆ **白话译文**

  孔子说："默默地记住所学的知识，努力学习而不厌烦，教导别人而不知疲倦，这些事情我做到了哪些呢？"

- ◆ **古人成果**

  "诲人不倦"是孔子对自己身为老师的严格要求，也是对所有老师的要求，更是老师高尚的职业道德。

  《礼记·学记》指出："记问之学，不足以为人师。"意思是说，仅仅依靠背诵和记忆前人的东西而没有自己的心得与独到见解的人，是不足以给别人当老师的。教育者要给学生一杯水，自己先要有一桶水。老师要有广博的知识，就要做到"默而识之，学而不厌"。有了知识，不只是对学生"授业解惑"，还要做到"诲人不倦"，对学生的教育要有爱心、诚心、耐心。"诲人不倦"，孔子是这样说的，也是这样做的，他对学生的教育尽心尽责，通过其对子路的教育便可见一斑。

1. 子曰："道不行，乘桴浮于海，从我者，其由与？"子路闻之喜。子曰："由也好勇过我，无所取材。"（《论语·公冶长》）孔子说："我的道行不通，我想乘木筏到海外去，跟随我的人，可能只有仲由吧。"子路（仲由）听了很高兴。孔子说："仲由这个人争强好胜超过我，这就没什么可取的了。"

孔子告诉子路：勇敢是很可贵的品质，但如果"过分"，不但不可贵，而且将成为不可取的缺点。

2. 子谓颜渊曰："用之则行，舍之则藏，惟我与尔有是夫！"子路曰："子行三军，则谁与？"子曰："暴虎冯河，死而无悔者，吾不与也。必也临事而惧，好谋而成者也。"（《论语·述而》）孔子对颜渊说："用我，我就去施展才华；不用我，我就隐藏起来。只有我和你才能这样吧！"子路说："您如果统领三军，将跟谁在一起呢？"孔子说："赤手空拳去和老虎搏斗，没有船只却要蹚水过大河，这样做死也不后悔的人，我是不会同他共事的。我要共事的人必须是遇事谨慎认真、善于谋划且能争取成功的人。"

子路一直把勇敢视为自己的长处，却看不到它的负面后果，对颜渊的优点也不服气，心想老师您如果统率三军总不能带颜回吧，只能带我。孔子顺势严肃地批评了子路，并告诉他，一个统率三军的大将，必须"临事而惧，好谋而成"才可以。

3. 子见南子，子路不说。夫子矢之曰："予所否者，天厌之！天厌之！"（《论语·雍也》）孔子会见了南子，子路不高兴。孔子发誓说："我假如做得不对的话，上天会厌弃我！上天会厌弃我！"

南子是卫灵公的夫人。她行为淫乱，曾和宋国的美男子公子朝私通，名声不好。但她又要装成文质彬彬的样子，召见当时的文化名人孔子，想以此来抬高自己。起初孔子辞谢不见，但又想到一个国君的夫人召见自己，自己又还不清楚召见的原因，如果不去就不符合礼了，于是孔子应召进见了她。可是性格较为鲁莽的子路，对自己的老师还没有深刻的了解，认为老师不应该接近有生活作风问题的女人，所以对孔子此举非常不高兴。孔子认为自己是清白的，所以敢对天发誓，以身正不怕影子歪来教育子路，与子路沟通。可见孔子对子路是非常了解的，也非常喜欢他。

4. 叶公问孔子于子路，子路不对。子曰："女奚不曰，其为人也，发愤忘食，乐以忘忧，不知老之将至云尔。"（《论语·述而》）叶公向子路问孔子是怎样的一个人，子路没有回答。孔子说:"你为什么不说,他这个人发愤时会忘记吃饭,学习有心得的时候,快乐起来就忘记了忧愁,就连自己就要老了这件事也不放在心上,如此罢了。"

子路心粗,但对介绍自己的老师还是十分谨慎的,不好随便评价,于是没有回答叶公的问话。孔子告诉子路该怎样回答,以自己追求理想的忘我精神来教育子路。

5. 子疾病,子路使门人为臣。病间,曰:"久矣哉,由之行诈也!无臣而为有臣。吾谁欺?欺天乎?且予与其死于臣之手也,无宁死于二三子之手乎?且予纵不得大葬,予死于道路乎?"(《论语·子罕》)孔子病重,子路派弟子去做家臣负责料理后事。后来孔子的病渐渐好了,就说:"仲由(子路)干这种欺骗人的事情很久了啊!我本来没有家臣,却要装作有家臣。我欺骗谁呢?欺骗上天吗?我与其在家臣的料理下死去,倒不如在你们的料理下死去。而且,我即使不能以大夫之礼来隆重安葬,难道就会死在路边吗?"

按当时的礼法,只有受封的大夫才有家臣,死后的丧事,也是由家臣来负责操办。按孔子当时的情况,不应有家臣。子路出自对老师的敬爱,为了把葬礼办得和大夫一样隆重,所以安排门人去充当孔子的家臣。孔子病好知道这件事后,严肃地批评了子路的虚荣心。虚者不实也,为人不诚实,爱虚荣,既是道德问题,也是思想作风问题,是会害人害己的,所以孔子才极力反对。

6. 子路问政。子曰:"先之,劳之。"请益。曰:"无倦。"(《论语·子路》)子路问如何从政。孔子说:"以身作则,吃苦耐劳。"子路请老师再多讲一点。孔子说:"永远不要懈怠。"

"先""劳""无倦"是为政的三项原则,如能全部做到,形成良好的风气,就能收到"不令而行"的政治效果。孔子教育和勉励子路,若想为政就要身体力行,以身作则,事事起到带头作用,并且要持之以恒,永不懈怠。

7. 子路问曰:"何如斯可谓之士矣?"子曰:"切切偲偲,怡怡如也,可谓士矣。朋友切切偲偲,兄弟怡怡。"(《论语·子路》)子路问:"怎样才配称为'士'?"孔子说:"互相勉励督促,和睦共处,可以称为士。朋友之间互相勉励督促,兄弟之间要和睦共处。"

孔子的回答,就是教导子路怎样修养成为一个合格的"士",这正是针对子路存在的问题而提出的,恰到好处。

8. 子路问成人。子曰:"若臧武仲之知,公绰之不欲,卞庄子之勇,冉求之艺,文之以礼乐,亦可以为成人矣。"曰:"今之成人者何必然?见利思义,见危授命,久要不忘平生之言,亦可以为成人矣。"(《论语·宪问》)子路问怎样做才能算是一个完美的人。孔子说:"假如一个人有臧武仲的智慧,孟公绰的寡欲,卞庄子的勇敢,冉求的多才多艺,再用礼乐来充实他的文采,也就可以说是完美的人了。"孔子又说:"现在的完人何必一定要这样?一个人见到'利'就能想到'义',遇到国家危难而甘愿献出生命,长期处于贫困的状态仍不忘平日的诺言,也就可以说是一个完美的人了。"

孔子先提出一个标准的成人条件,但弟子们难以做到。接着又提出十分简明的三条:见利思义,见危授命,久不要忘平生之言。孔子知道子路已具备了这些优点,但并不肯定他是"成人",只是向他讲述"成人"的条件,让子路对照,继续努力。

◆ 今人实践

孔子"诲人不倦"的例子还有许多。当代学校的老师传承孔子的教育理念,也做出了可喜的成绩。

全国著名特级教师毛蓓蕾,曾长期任教于上海市虹口区第三中心小学,获全国三八红旗手、全国优秀班主任、全国教育系统劳动模范等称号。毛老师曾经接了一个问题较多的毕业班,其中一个叫惠琴的女生表现很差,不好好学习,还在背后丑化老师,甚至在校外谈男朋友。毛老师找她进行了多次单独谈话,帮助她分析错误的根源,指出发展下去的危害。谁知她不但听不进去,而且还怀恨在心,在背后用恶毒的言语咒骂老师。毛老师没有失去信心,从关心她的学习、生活入手,培养师生互信的感情,学生有一点进步,都给予肯定。特别是有一次，惠琴同学又在背后用恶毒的言语咒骂老师，毛老师及时和她做了一次推心置腹的谈话，让惠琴的思想受到很大震动。

"我怎么也想不到那样难听的脏话会出自你——我一直认为比较好的学生嘴里。"毛老师停了一下又说，"如果真是我错了，我愿意改正，希望你帮老师指出来。"老师语气是亲切的、充满诚意的。惠琴慢慢低下头，没吭声。毛老师说："这几天班上的情况你也看到了，大家都等着老师对你做出严厉的处罚。"

惠琴抬起头惊恐地望着老师。毛老师说："不过，老师根本就没有想要给你一个什么处分，而是对你的错误感到痛心、难过！因为你过去是一个成绩优秀的学生，老师对你寄予很大的期望。老师为你惋惜，也深深感到自己没有尽到帮助、教育你的责任……"毛老师的激动情绪感染了惠琴，她的眼睛湿润了。毛老师继续说："不过，现在还来得及，人生的道路还很长。相信你会意识到自己的错误，也一定会改正自己的错误，对吗？"

惠琴若有所思地点点头。

毛老师继续说："至于你咒骂老师的事，老师是不会计较的，也不会怀恨在心，用你尊敬老师的实际行动来抹掉这一切吧！我们可以成为好朋友——真正的朋友，互相尊重、互相帮助，你有什么心里话，明天可以找我说说吗？"

惠琴同学虽然自始至终没有说一句话，但她心灵上的震动是剧烈的。

第二天一早，毛老师的办公桌上放了一张纸，那是惠琴的检讨书。

毛老师对学生动之以情，晓之以理，情中有理，理中有情，情真意切，以理服人，待人宽，责己严，收到了很好的教育效果，这与毛老师高尚的职业道德有关。这就是热爱学生，保持民主、平等的师生关系所带来的良好的教育效果。

◆ **总结反思**

"学而不厌，诲人不倦"，是一个教师热爱教育事业、热爱学生的具体表现，是教师崇高的职业道德。想当一个好教师，就必须有渊博的知识。有了渊博的知识，还要有很强的事业心和责任心。教育工作是一项繁重而复杂的工作，备课、讲课、辅导、批改作业、指导课外阅读和课外活动，一环紧扣一环。此外，学生的知识文化水平、思想性格各有差异，没有"诲人不倦"的精神，就难以做好教育工作。

因材施教

教育须因人而异，才能事半功倍。

> 子曰：『中人以上，可以语上也；中人以下，不可以语上也。』
>
> ——《论语·雍也》

- **白话译文**

    孔子说："对有中等水平以上才智的人，可以与他谈论高深的学问；对中等水平以下才智的人，就难以和他谈论高深的学问了。"

- **古人成果**

    宋代著名教育家朱熹评论说："孔子教人，各因其材。"因材施教一词即源于此。因材施教是教学和教育工作的原则之一，指在共同的培养目标下，对不同的受教育者提出不同的要求，采用不同的教学方法。

    教师了解学生的情况是运用好因材施教原则的前提，因为只有了解学生的真实情况才能做到有针对性的教育。讲授知识的深浅、难易、多寡都应因人而异，要避免千篇一律，无的放矢。例如，关于仁这个问题，孔子对不同的学生就有不同的解答。

颜渊问仁。子曰："克己复礼为仁。一日克己复礼，天下归仁焉。为仁由己，而由人乎哉？"颜渊曰："请问其目。"子曰："非礼勿视，非礼勿听，非礼勿言，非礼勿动。"颜渊曰："回虽不敏，请事斯语矣。"(《论语·颜渊》)颜渊问怎样才是仁。孔子说："克服自己的私欲，使言行都合于礼，就是仁。一旦你做到了克服自己的私欲，言行都合于礼，天下就都赞许你是仁人了。实践仁在于自己，难道还靠别人吗？"颜渊说："请问实践仁的具体途径。"孔子说："不合礼的事不去看，不合礼的话不去听，不合礼的话不去说，不合礼的事不去做。"颜渊说："我虽然不聪敏，请让我努力按照您说的话去做吧。"

仲弓问仁。子曰："出门如见大宾，使民如承大祭。己所不欲，勿施于人。在邦无怨，在家无怨。"仲弓曰："雍虽不敏，请事斯语矣。"(《论语·颜渊》)大宾，即贵宾、诸侯；承，指承当、奉承；大祭，指祭天、地、太庙之礼。这段话的意思是：仲弓问怎样才是仁。孔子说："出门办事如同去接待贵宾，役使百姓就像是要进行重大的祭祀。自己不喜欢的，不要强加给别人。为国家办事不怨天尤人，不为国家办事回归家庭也不怨天尤人。"仲弓说:"我虽然不聪敏,请让我努力按照您的话去做吧。"

司马牛问仁。子曰:"仁者,其言也讱。"曰:"其言也讱,斯谓之仁已乎?"子曰:"为之难,言之得无讱乎?"(《论语·颜渊》)司马牛,复姓司马,名耕,字子牛,宋国人。讱,指语言迟钝,在这里的意思是不轻易说话。司马牛问怎样才是仁。孔子说:"仁者言语慎重。"司马牛说:"言语慎重,这就能叫作仁了吗?"孔子说:"凡事做起来都是很难的,说的时候能不慎重吗?"

颜渊勤奋好学,孔子教育他如果要达到仁,必须从内心修养(克己复礼)下手,"为仁由己",不是靠别人。仲弓的道德品质高尚,但出身卑微,未能当官,而是在李氏手下打工,所以孔子教育他要想成仁,可由心外的做人做事下手,做到"己所不欲,勿施于人",遇事应先替他人考虑,对他人采取宽容的态度,做到"在邦无怨,在家无怨"。司马牛的性格特点是"多言而躁",所以孔子对他说:"仁者,其言也讱",这是针对司马牛脾气急躁、有话就说、不计后果的缺点说的。若拿治病做比喻,孔子对学生的教育正是善于对症下药。

◆ **今人实践**

《国家中长期教育改革和发展规划纲要(2010—2020年)》

提出，要"注重因材施教。关注学生不同特点和个性差异，发展每一个学生的优势潜能"。因材施教这种教育、教学原则最先是由孔子提出的，并且经过2500多年的教育、教学实践检验是正确的，还得到国家的高度重视，以文件的形式下发，在全国贯彻执行。

因材施教的教育方法并非徒有虚名，在当代现实生活中已经一再得到积极且正面的验证。

有个老板在商场上春风得意，可教育儿子却非常失败。他的儿子在学校里是天不怕地不怕的"混世魔王"，十分厌学，门门功课亮红灯。暑假里，这个老板请了个年轻的老师做家教，并把儿子的情况如实地告诉了老师。

第一次上课，老师就提出搞一次摸底考试，学生十分反感地说："考多少分才能入您老人家的法眼？""0分。"老师答道。学生说："好！考100分我没胜算，但考0分我还是有把握的。咱们说好了，如果我考了0分，您就自动辞职，可不许反悔呀！"老师微笑着回答："不反悔，不反悔！"

考试的第1道题是：《静夜思》的作者是谁？ A. 李白；B. 杜甫；C. 白居易。学生想："3岁小孩都知道是李白，可我偏不选他。"他选了B。

第2道题是：中国的首都是哪个城市？ A. 南京；B. 北京；C. 天津。学生一乐，故意不选B，选了A。

做到第3题时，学生犯愁了。辛亥革命爆发于哪一年？

A. 1901 年；B. 1911 年；C. 1922 年。他犹豫地选了 B。他想考 0 分的愿望实现不了了，因为辛亥革命确实爆发于 1911 年。

男孩拿着自己考了 30 分的试卷一脸的不服气，问老师："下次考试我可以看书吗？"老师说："当然可以，不过卷子要比这次难，你有考 0 分的信心吗？""有！"学生很有信心地回答。

第一天家教顺利结束，老师觉得学生已经进了他设计的"圈套"，学生故意选择答错，就证明他知道哪个答案是对的。以后的日子，老师一面辅导功课，一面指导男孩看参考资料，仍继续进行个性考试。学生对每一次考试都非常重视，凝神思考，翻阅各种书籍，终于让他考了一次 0 分。可他并没有赶走老师的意思，还恳请老师继续出试题，他要争取不用看书也能考 0 分。暑假结束，老师也要离开返校了。过了两个月，那个老板给老师打来电话表示感谢，说他儿子有了可喜的进步。老师说："你的儿子与别的孩子不同，我只不过因材施教，对症下药而已。"

◆ **总结反思**

因材施教不仅在辅导个别学生时可以运用，而且可以贯穿于上课、作业布置与批改、课外辅导、课外活动等各个环节。对于因材施教这个方法，教师必须有高度的事业心、责任心，必须善于调查研究，了解学生情况，灵活运用，才能获得好的效果。

古今中外，各位教育家先辈对因材施教的教学法都有过精辟论述。陶行知曾说：人像树木一样，要使他们尽量长上去，不能勉强都长得一样高，应当是立脚点上求平等，于出头处谋自由。赞科夫在《论小学教学》中提到：当教师把每一个学生都理解为是一个具有个人特点的，具有自己的志向、自己的智慧和性格结构的人的时候，这样的理解才能有助于教师去热爱儿童和尊重儿童。

实现教育的高质量发展，落实立德树人的根本任务，关键在于破除旧的教育评价体系，深化教育评价体制机制改革，扭转不科学的教育评价导向，让教育真正回归育人本身，回归人的全面发展本身。教育评价导向的改革，不是某个机构单方面就能改变的，而是需要家庭、学校、政府等方面的共同参与和协同推进。只有全社会共同关注，积极努力推进，我们才能在各行各业看到一鸣惊人且层出不穷的"全红婵"，才能真正构建立足新时代、面向未来的中国特色社会主义教育发展道路。

启发诱导

以设问启发、循循善诱,换茅塞顿开、举一反三。

> 子曰:「不愤①不启,不悱②不发,举一隅不以三隅③反,则不复也。」
>
> ——《论语·述而》

◆ **白话译文**

教导学生,不到他冥思苦想仍不得其解的时候,不去开导他;不到他想说却说不出来的时候,不去启发他;给他指出一个方面,如果他不能由此推知其他三个方面,就不再教他了。

◆ **古人成果**

启发式教学是指教师在教学工作过程中,依据教学过程

---

① 愤:心求通而未得。
② 悱:口欲言而未能之貌。对问题已明白三五分,只是想说却说不出来。
③ 隅:角,角落。

中的客观规律，诱导学生主动、积极、自觉地思考问题，掌握知识的教学方法。启发式教学是一门教人明白、开窍、聪明的艺术。古今中外的教育家都强调启发式教学。在中国，启发一词源于古代教育家孔子。在教学过程中，孔子充分调动学生的主动性、积极性，培养学生的独立思考能力。他主张必须受教者先发生困难，有求知的要求，然后再去启发他，这样才能收到理想的教学效果。

颜渊对孔子的教育大加赞赏："夫子循循然善诱人，博我以文，约我以礼，欲罢不能。"（《论语·子罕》）意思是，先生有步骤地引导我们，用各种典籍来丰富我们的知识，又用礼节来约束我们的言行，使我们想停止学习都不可能。颜渊从侧面赞美了孔子教学的启发诱导艺术。

我国古代第一部教育学专著《礼记·学记》指出："君子既知教之所由兴，又知教之所由废，然后可以为人师也。故君子之教，喻也，道而弗牵，强而弗抑，开而弗达。道而弗牵则和，强而弗抑则易，开而弗达则思，和易以思，可谓善喻矣。"意思是：君子已经知道教育之所以兴盛的原因，也明白教育之所以衰落的道理，然后就可以为人师表了。所以君子的教化是善于晓喻，让人明白道理，只加以引导，而不去强迫别人服从；对待学生严格，但并不抑制其个性的发展；加以启发，而不将结论和盘托出。只引导而不强迫，使学习的人容易亲近；教师严格而不压抑，使学生能够自由发挥，得以充分发展；只加以启发而不必全部说出，使学生能够自己思考（以免阻碍了学生独立思考的能力）。使人亲近又能自主思考，这才是善于晓喻。

孟子说："君子引而不发，跃如也。"（《孟子·尽心上》）孟子打了一个恰当的比方：君子教导别人正如射箭，张满了弓却不发射，做出跃跃欲试的样子，强调对学生的引导理应如此。朱熹认为，教师"只做得个引路的人"，"师友之功，但能示之于始而正之于终耳。若中间三十分功夫，自用吃力去做"。他说得十分明确，教学活动中，教师的作用在于对学生进行引导。如果读书有一百分功夫的话，教师从示范开始到正确总结告终的引导功夫就有七十分，中间三十分功夫全靠学生自力完成。①

孔子的启发式教学，是以教师为主导、学生为主体，在教学过程中，教师要充分调动学生学习的主动性、积极性，培养学生善于提出问题、分析问题、解决问题的能力。我们发现，孔子的启发式教学有如下规律。

1. 了解学生的情况是启发的前提。孔子对学生十分了解，善于"视其所以，观其所由，察其所安"。（《论语·为政》）意思是，看看他干了些什么，观察他做事情的方式、手段，考察他安心于做什么就能知道这个人是怎样的一个人

---

① 韦志成：《语文教育原理》，武汉出版社，1989，第57页。

了。孔子看人分三步去观察：第一步是"视其所以"，就是看他做了些什么。做好事的是君子，做坏事的是小人，这是对人的第一印象。但这第一印象有时并不可靠，并不能由此就下结论，还要进一步观察。第二步是"观其所由"。一个人做事是走正道，还是走邪道，采取怎样的手段，这是了解人的重要方法。第三步是"察其所安"，就是看一个人做了好事或坏事之后，神情如何。安于做好事的是君子，做了坏事却心安理得的是坏人。一个人安于什么，最能看出他的内心世界，看出一个人的品质。

孔子还说："始吾于人也，听其言而信其行；今吾于人也，听其言而观其行。"（《论语·公冶长》）意思是，最初我对于人，是听了他的话就相信他会按说的去做；现在我对于人，是听了他的话，还要观察他是否真的做了。孔子懂得用实践去检验一个人，非常了不起。因为孔子有"知人"的本领，他对学生的禀性、学识也十分了解。例如，他认为他的学生高柴愚笨，曾参迟钝，颛孙师偏激，仲由鲁莽，教学时就针对学生的情况进行启发。《子路、曾皙、冉有、公西华侍坐》就清楚地记载了孔子因材施教进行启发的范例。子路、曾皙、冉有、公西华在孔子的引导下各言其志，说出了自己的心里话，显示了启发的威力。

2.愉快的学习氛围是启发的开端。孔子说："知之者不如好之者，好之者不如乐之者。"（《论语·雍也》）意思是，对于学习和事业,知道它的人不如爱好它的人,爱好它的人不如以它为乐的人。他鼓励学生"学而时习之,不亦说乎",把学习当作一件乐事,"乐学"是学习的最高境界。让学生在一种愉快的学习氛围中接受教师的启发引导就容易成功,相反,很可能就会失败。

3.教师善于设疑,学生善于质疑,是启发的重要途径。学起于思,思源于疑。孔子"每事问",甚至于"以能问于不能,以多问于寡"。意思是,自己有能力却去问无能力的人,自己的知识多却去问知识少的人。以这样的态度去启发学生,就能促进学生发现新知。孔子还提出"学而不思则罔,思而不学则殆",强调要把"学"和"思"结合起来,通过学习、思考,探求真理。

课堂提问是教师运用启发式教学的方式之一,总结下来有几条经验:一是根据教学的重点、难点来提问;二是提问宜曲忌直,提问题要拐个弯儿,要富有启发性、思想性、趣味性;三是提问要有序列性,形成教学的思维链,环环相扣,引导学生拾级而上;四是提问要有预测性;五是提问要有时机性;六是提问要面向全班,不要老是只提问班上的两三个尖子生。总之提问设计有其科学性、技巧性,要问得开窍,问得"美",才能够启迪学生的智慧。

4.举一反三是启发的效果目标。举一反三是启发的现实效果,是判断启发是否成功的尺子。在启发过程中,教师通过示范讲解，安排学生预习、听课、做作业等，促成学生领悟，使其"温故而知新""告诸往而知来者"，最后达到"闻一知十"，实现启发的最高目标。孔子的启发诱导教学思想是我国古代教育的精华，是一笔巨大的宝贵财富，我们应该继承并发扬光大。

◆ **今人实践**

在孔子之后，古今著名教育家都强调教师对学生的启发诱导，让学生"自求得之"，印证了孔子所倡导的启发式教学是科学的、正确的。

叶圣陶说："教师当然须教，而尤宜致力于'导'。导者，多方设法，使学生能够逐渐自求得之，卒底于不待教师教授之谓也。"

语文教育专家韦志成在他写的《语文教学艺术论》一书中指出："运用启发式教学，必须遵循孔子的启发思想，启开学生的心灵，发出他们的心声，诱出学习的乐趣，导出学习的最佳境界。过去，有些教师责备学生'启而不发'，实际上是自己'启不得法'。"韦老师还总结出语文课的启发诱导有三种方式，即顺启诱导、反启诱导、侧启诱导。

一、顺启诱导教例

一位教师教完《松鼠》一课，正欲布置作业，有个学生突然发问："老师，松鼠吃不吃粮食？"

老师先鼓励那位敢于提问的学生，接着引导学生们一起来讨论这个问题。有的学生说松鼠不吃粮食，有的说它吃粮食。说不吃的理由，是课文中没有写；说吃的理由，是老鼠、田鼠都偷吃粮食，松鼠也是鼠，肯定也吃粮食。

双方各有道理，争执不下。教师指导学生再看课文第二自然段（松鼠经常在什么地方活动）。片刻，提问的学生霍地站起："我知道了！我知道了！松鼠不吃粮食。""你怎么知道松鼠不吃粮食？"教师问。学生回答："松鼠在树上活动，从来不接触人的住宅，不遇到树枝被风刮得乱晃的时候，它们连地面也不来，咋吃粮食？"教师满意地点点头。

二、反启诱导教例

有位教师教《登鹳雀楼》一诗，为引导学生领会"欲穷千里目，更上一层楼"的含义，她借助了幻灯片，一边朗诵，一边提醒学生注意细节。

师：《登鹳雀楼》是说诗人已经上了楼，如果欲穷千里目，还要更上一层楼，这就说明楼有三层，可是幻灯图片只画了两层。大家思考一下，是图画错了，还是诗写错了？

生：诗肯定没有错，因为是诗人亲自登上楼的。

生：是图画错了。

师：大家再考虑一下，"登"写的是诗人的什么动作？

生:"登"就是上。

师:《登鹳雀楼》是描写诗人登楼的想法呢,还是写诗人登上一层楼还要再登一层楼呢?

生:可以是一边上楼一边想,也可能是上了楼,觉得楼不够高,还看不到远处的景色,有一种惋惜的心情。

生:欲穷千里目,更上一层楼,是诗人的想法,一种积极向上的愿望,一种对更高标准的追求,也是真的写了一层又一层地上楼去看更远更多的景色,写景中隐藏着道理。

生:所以是三层楼,图画错了,诗人没有写错!

师:对的,据沈括《梦溪笔谈》记载,鹳雀楼确实是三层……

三、侧启诱导教例

有位教师在讲解鲁迅的《祝福》时,引导学生分析祥林嫂的形象。

师:作者为什么让祥林嫂反复说"我真傻"呢?

生:"我真傻"是句大白话,好像没有什么深刻的含义。

师:鲁迅的写作是严肃认真的。同学们学过《孔乙己》,孔乙己教小伙计写茴香豆的"茴"字,说有四种写法,但鲁迅并没有把这四种写法一一罗列出来,以免这些陈腐的东西毒害读者,可见他考虑周全而又惜墨如金。但是,在《祝福》中为什么要借祥林嫂的口反复说"我真傻"呢?

师：祥林嫂的儿子阿毛是被狼吃掉的。"我真傻"的意思是"我真傻，我没有看好阿毛，我不该让他剥豆……大自然的狼吃掉了阿毛，那么——"

生：她却不知道社会的狼正在吞吃着她。

生：这社会的狼就是封建礼教。让她反复说"我真傻"的深层含义是祥林嫂到死也没有认识到封建礼教对她的毒害，从一个侧面表现了她的可悲。

师：从她的性格来说，这又揭示了什么？

生：揭示了她被损害、被侮辱，最终仍不觉悟的内心世界……

◆ **总结反思**

启发诱导式教学的方式是多种多样的，无论哪一种都必须切合学生实际。在教学中常常是多种方式综合运用，不可拘泥于一式。

大量教学实践结果表明，如果学生在学习过程中没有产生对事物的好奇心和旺盛的求知欲，那么即便他们掌握了一定的创新学习方法和技术，也很难产生有实际价值的创新行为。因此，教学目标的设定要体现以学生为主体的教学原则，着眼于激发学生主动参与学习的积极性和创造性，使学生在学习知识和技能的过程中，不断提高各方面的能力，尤其是创新能力。教师要重视教学目标的导向功能，既要有认知目标，又要有创新精神、创新性思维。

　　总的来说，现代教学中最关键的问题是要形成正确的教学指导思想，只有指导思想明确了，才能灵活运用具体的教学方法，并有所创新。"学生为主体，教师为主导"，这就是现代教学的指导思想。如何体现"学生为主体，教师为主导"，关键是学生能否产生学习积极性，而学习积极性在很大程度上和教师的主导作用有着直接的因果关系。因此，在全课程教学中进行启发式教学，提高学生学习的积极性，从而全方位地提高学生的学习能力是非常有必要的。

个性教育

千人千面,百人百性,
每个人都有闪耀成星的可能。

> 德行：颜渊、闵子骞、冉伯牛、仲弓。言语：宰我、子贡。政事：冉有、季路。文学：子游、子夏。
>
> ——《论语·先进》

- **白话译文**

孔子的学生各有所长，德行好的有颜渊、闵子骞、冉伯牛、仲弓，擅长言谈的有宰我、子贡，擅长政事的有冉有、季路，熟悉古代典籍的有子游、子夏。

- **古人成果**

孔子非常重视个性化教育，他允许学生在学习老师所讲授的课程的同时，根据自己的兴趣爱好，专攻某一学科，使之变成自己的专长。孔子也根据各个学生的不同专长，施行不同的教育，使受教育者各有不同的成就。朱熹《论语集注》说："弟子因孔子之言，记此十人，而并目其所长，分为四科。孔子教人各因其材，于此可见。"这些人的特长，都可以从《论语》和其他古文献中得到印证。例如《礼记》中，除曾子外，子游、子夏的言论最多。孔子去世后，子游、子夏门下的弟子相当多，影响也很大。战国时期的一些名人，就是出在子游、子夏的门下。这和他们擅长"文学"大有关系。

孔子希望他的学生去做官不是为了升官发财、荣华富贵，而是为了实践仁，是为了治国平天下。但做官不是孔子唯一的教育目标，不做官，学生去干其他行业他也很高兴。"子使漆雕开仕。对曰：'吾斯之未能信。'子说。"(《论语·公冶长》)漆雕开是孔子的学生，性格刚直，知识、能力都很优秀，孔子让他去做官。他回答说："我对做官没有信心。"孔子听了很高兴。

子曰："回也其庶乎，屡空。赐不受命，而货殖焉，亿则屡中。"(《论语·先进》)孔子说："颜回啊，学问道德大概接近完善了吧，可是常常穷得没有办法。端木赐不接受命运的安排，去做买卖，猜测行情，却常常能猜中。"孔子在这里既称赞颜回不慕富贵、安贫乐道、乐以忘忧的品格，又赞同端木赐（子贡）不接受官禄安排，走上经商之路的选择，认为二人各得其所。

这里写子贡经商的文字不多，只有一句话："赐不受命，而货殖焉，亿则屡中。"子贡小孔子 31 岁，德才兼备，利口巧辞，善思好问。《论语》中记述孔子与弟子的答问，以他最多。孔子很器重他，说他是廊庙之材，很有政治才干，但他不愿做官，乐意经商。商场如战场，竞争激烈，利益与风险并存。子贡敢于接受命运的挑战，凭着他的聪明才智，在商贸战场上"亿则屡中"，取得很大成功。商品的供需是由市场来调节的，经商者必须善于做市场调查研究，掌握大量的市场信息，通过综合分析，做出正确决策。子贡的"亿则屡中"绝不是碰运气、投机取巧，而是掌握了市场规律，运用自如的表现。

子贡经商致富，社会地位也随之提高了。《史记·货殖列传》说："结驷连骑，束帛之币以聘享诸侯。所至，国君无不分庭与之抗礼。夫使孔子名布扬于天下者，子贡先后之也。"也就是说，子贡一行，高车大马，以束帛厚礼，馈赠诸侯，国君以宾主之礼，而不用君臣之礼予以接待。子贡是春秋时期最富有的人之一，受到各国尊重。他到各地经商，为孔子做了很好的宣传。子贡为孔子守墓六年，晚年居齐，直到去世。

儒商做生意笃信和气生财、童叟无欺，特别是古代作坊式的家族经营，往往让利给顾客。例如粮店，买米时以升斗作为量器，卖家在量米时会用红木戒尺之类的工具削平升斗内隆起的米，以保证分量准足。银货两讫之后，商家会另外在米筐里取些米加在米斗上，于是已抹平的米表面便会鼓起一撮"尖头",因而当时的商人有"无商不尖"的美称。"无商不尖"还体现在布庄的"足尺放三""加三放尺",商家这么做是为了争取更多的回头客,将生意长长久久地做下去。

我们不要认为子贡经商致富就不是孔子的好学生了。子贡始终是子贡,他是一位品德高尚的大贤人。孔子生前,子贡已经是巨富的商人,在孔子去世后,子贡为孔子守墓六年,这一点谁又能做到呢?因此可以说子贡是中国儒商第一人。

◆ **今人实践**

孔子在教育实践中表现出的个性化教育理念是符合教育规律的,也是符合社会发展需要的。中国近代教育在一定程度上受到孔子个性化教育思想的影响,成就了不少有特长的专门人才。当年钱锺书的数学成绩是 15 分,吴晗的数学成绩是 0 分,清华大学却录取了他们。钱伟长在清华大学的第一年就读于历史系,一年后转到了物理系。显然,并不是考试制度让钱锺书、吴晗、钱伟长成为大师的。郭沫若先生中学时的成绩单显示,他的数学成绩非常好,而国文和图画特别差。中国科技大学校长朱清时曾说,看了这样的成绩单,谁能想到郭沫若先生后来会成为大文学家、大诗人、大书法家?而郭沫若先生如果生活在现在,因为偏科,他不一定能考上大学，即便考上了，家长和学校也会让他去读理工科。那样，中国就少了一个大文豪了。事实上，我国多年来的基础教育在高考的指挥棒下已经沦为畸形的应试教育，而应试教育又扼杀了学生的创新能力，给大学培养创新型人才带来了很大的问题。

我们国家的教育方针是"教育必须为社会主义现代化建设服务、为人民服务，必须与生产劳动和社会实践相结合，培养德智体美劳全面发展的社会主义建设者和接班人"，可是当前仍有一些中小学校偏离这个教育方针，热衷于搞应试教育。因为升学录取新生要看升学考试总分的高低，于是一些学校又片面地把全面发展理解为应试的各科成绩要平均发展，还采取措施，打着反对偏科思想的旗号，强迫学生均衡用力，学好与应试有关的各科，限制学生根据自己的兴趣爱好发展专长，导致学生的个性难以得到发展。有的学校还规定，要加入共青团或评"三好学生"，每科成绩要在 90 分以上，即使大部分学科成绩很高，只要有一科不达 90 分就免谈。学校是想通过这些手段更好地提高升学率。

北京大学终身讲席教授、生命科学学院院长饶毅在天津大学做了题为《从美国梦到中国梦》的报告，其中讲到教育的一些问题。他说：我们的学校从中小学到大学，都有单一求全的问题。中小学为了学生升学，把分数变成极端重要的事。如果是做科学研究，有些（当然不是全部）总分高的学生其实正好不能做研究,只能背书,背已经被咀嚼过很多遍的其他人的研究结果。这几年,我为学院的全体学生提供个性化选课的机会,起初多数学生不愿意也不知道怎样选择,因为他们没有梦想和目标,那么选择就成了很大的困难。我宣布进行个性化教学的第一年,一共只有一名学生来找我,第二年有两个学生来找我,后来才逐渐多了起来。特别是我们用了教育部的拔尖人才计划,把它改为学院所有学生都可以受益的计划,有些学生终于走出追求总分的怪圈,发展了特色,选了平时生物专业的学生都不学的课程,暑期到国外实验室好好做研究了。今年我们有学生被哈佛录取为研究生,而他们的总分排名不在全年级前三分之一内。麻省理工学院和斯坦福大学也录取了总分排名不是前几名的学生,因为他们确实有特色……只有国家、社会、学校鼓励学生个性化发展,每个青少年才能积极地找到愿意做的事情。我希望个人、学校、社会、国家多做一些事情。饶毅教授语重心长的一席话,应该说对我们是有很大启迪作用的。

近20年来,中国对个性化教育逐步重视起来,并从理论和实践做了许多研究。对什么是个性化教育,也许有许多不同的理解,有因材施教说、个性教育说、一对一教育说、合理匹配说等。以上各种说法,对个性化教育的概念、定义都有较大的缺陷和不足。学术界和在教育第一线的大多数教师比较认同曹晓峰教授的主张。曹晓峰教授是国际个性化教育协会中国理事会会长、中国个性化教育研究院执行院长、个性化教育理论和实践家。他组织专家经过长达 20 年的系统理论研究和实践探索，提出了个性化教育定义。

所谓个性化教育，就是指通过对被教育对象进行综合调查、研究、分析、测试、考核和诊断，根据社会环境变化或未来社会发展趋势、被教育对象的潜质特征和自我价值倾向以及被教育对象的利益人（个人的家长或监护人，企业的投资人或经营者）的目标与要求，为被教育对象量身定制教育目标、教育计划、辅导方案和执行管理系统，整合有效的教育资源，从潜能开发、素养教育、学科教育、阅历教育、职业教育、创业教育等多方面，对被教育对象的心态、观念、信念、思维力、学习力、创新力、知识、技能、经验等展开咨询、策划、教育和培训，从而帮助被教育对象形成完整独立的人格，优化自身独特个性，释放生命潜能，突破生存限制，实现量身定制的自我成长、自我实现和自我超越。

这一个性化教育定义，不仅阐述了个性化教育的"目的个性化""过程个性化""结果个性化""前提个性化"，而且明确指出个性化教育的中心和主体是被教育对象，个性化教育是家庭教育专业化、学校教育个性化和社会教育系统化三大教育系统的融合和统一，个性化教育的本质是一个教育和培训系统，而不是一种单纯的教育理念、教育目的和教育形式。这个定义比较准确、系统、全面、完整地阐述了个性化教育的内涵和外延,是目前个性化教育相对比较科学的定义。实施个性化教育,将有利于弥补学校教育、家庭教育和社会教育的缺陷和不足,促进学校教育个性化发展,促进家庭教育专业化发展,促进社会教育系统化发展,使被教育对象的人格更完整、知识更全面、能力更突出、身心更健康、阅历更丰富,帮助其将天赋发挥到极致。

2009年全国高考作文试题要求考生阅读下面的材料,根据要求写一篇不少于800字的文章。所给材料对我们搞个性化教育很有启迪,现照录于下:

兔子是历届小动物运动会的短跑冠军,可是不会游泳。一次兔子被狼追到河边,差点被抓住。动物管理局为了小动物的全面发展,将小兔子送进游泳培训班,同班的还有小狗、小龟和小松鼠等。小狗、小龟学会游泳,又多了一种本领,心里很高兴;小兔子和小松鼠花了好长时间都没学会,很苦恼。培训班教练野鸭说:"我两条腿都能游,你们四条腿还不能游?成功的90%来自汗水。加油!嘎嘎!"评论家青蛙大发感慨:"兔子擅长的是奔跑!为什么只是针对弱点训练而不发展特长呢?"思想家仙鹤说:"生存需要的本领不止一种呀!兔子学不了游泳就学打洞,松鼠学不了游泳就学爬树嘛。"

- 个性教育 -

这则高考作文材料讲的是小动物进游泳培训班学习的情况,评论家青蛙和思想家仙鹤针对兔子学不了游泳而发的评论,其实就是对我们当下教育的一种评论。

下面的这个教学案例,则说明了个性教育的巨大作用。

高一学生文文天生活泼好动,就是在上课时也常常手里拿着东西搞小动作。她最喜欢做的事情,就是拿钢笔在书上、作业本上搞"创作",无心听课,学习成绩如何可想而知。升入高二后,老师多次找她谈话,效果甚微。

随着年级的升高,学习压力越来越大,文文的学习信心却每况愈下,整天没精打采的,家长和老师都很着急。一次偶然的机会,马老师正在画室看美术考生的学画情况,文文误入画室,当她发现马老师后很难为情,但很快就被画室中陈列着的历届美术考生创作的精美作品吸引住了,而且看到同学们手中拿着画笔专心致志搞创作的样子,文文的眼睛绽放出渴望的光芒。马老师看到这一切,就对文文说:"如果你喜欢,可以从现在开始向美术老师学,时间还来得及。"

从那天开始,文文开始学画,在美术老师的精心指导下,她对绘画产生了浓厚兴趣,几乎把所有的时间都花在了学画上,一有时间就往画室跑。一幅作品需要很长时间才能完成,文文却乐此不疲。她的画作渐入佳境,不仅在

111

技法上进步很快，而且创意独特。

　　文文在学画的过程中找到了极大的乐趣，感受到了成功的喜悦，重新树立了自信心，各科学习成绩也得到了迅速提高。在她学习的过程中，班主任和美术老师始终配合默契，不失时机地因势利导，终于使文文从精神状态的低谷中走了出来。最终，她以优异的成绩考上了浙江大学美术学院。

高中生文文能够从一个好动且荒废学业的"差生"，最终蜕变成考上重点大学的优秀学生，个性教育功不可没。

杨振宁认为中国学生的整体素质不比美国学生差，但在知识面和对待科学知识的怀疑精神上，两者尚有显著差别。他发现中国教育比较重视灌输式，因此中国出去的学生到了美国的学校，通常比较容易就能在考试中取得优异的成绩。但也有缺点，就是知识面不够广，而且越念胆子越小。而美国的小孩呢，他觉得太放任了，太放任的后果是他们不能吸取上一辈的经验，这就使得他们常常走弯路。在中国这儿呢，是相反的，学生们吸收得太厉害，并且缺乏独立思考和质疑的精神。所以他认为，中美双方在教育这件事上，应当取长补短。

◆ 总结反思

学校以分数作为衡量学生的唯一标准，不仅把很多学生的优点给扼杀了，还给社会留下了一个很大的问题：制造了社会矛盾。小孩子很小就意识到我永远在跟别人比排名，跟我越近的人越是我的竞争对手，甚至是敌人。所以，这样单一化的要求不仅是对个人的极大禁锢和束缚，同时也是影响社会和谐的重要因素。好的教育应该教会孩子善于合作、交友。

人是属于社会的，人作为社会的一员，在不同的方面和程度上影响和改变着社会，同时人又得适应社会的发展与变化。尊重学生的个性，遵循教育的规律，根据学生所处的社会环境和未来发展趋势，以及利益相关人的目标、要求、期望与需要，让学生掌握最适合自己的一项专长或本领，这是十分重要的。

此外，需要引起我们重视的是，在当代社会，很多人总以为读书拿高分、考上名牌大学，以及将来能出名、做高官、发大财才算成功人士。如果有谁敢大声宣称"我不想成功"，在众人眼里就成了一个"异类"。不过，有一个类似曾点的小姑娘却大胆发出了与众不同的声音。台湾某女作家在一篇博文里说，她那上中学的女儿成绩中等，几乎每次考试都是23名，由此得一绰号"23号"，但被全班学生推选为"最欣赏的同学",理由是她热心助人、守信用、不爱生气、好相处、乐观幽默等。妈妈开玩笑说:你快成为成功人士了。女儿却认真地说:我不想成为成功人士,我想成为坐在路边鼓掌的人。其实,成功人士只是凤毛麟角,鼓掌的人则成千上万。社会的工种是多样化的,每一项工作都需要人去做,能根据自己的个性、特长,找到自己愿意做的事情,拥有一个幸福、阳光的人生,便已是一个人的成功了。

问题教学

创设情境,变讲为导——导疑、导趣、导思、导法、导练。

子路、曾皙、冉有、公西华侍坐。子曰:"以吾一日长乎尔,毋吾以也。居则曰:'不吾知也!'如或知尔,则何以哉?"子路率尔而对曰:"千乘之国,摄乎大国之间,加之以师旅,因之以饥馑,由也为之,比及三年,可使有勇,且知方也。"夫子哂之。"求!尔何如?"对曰:"方六七十,如五六十,求也为之,比及三年,可使足民。如其礼乐,以俟君子。""赤!尔何如?"对曰:"非曰能之,愿学焉。宗庙之事,如会同,端章甫,愿为小相焉。""点!尔何如?"鼓瑟希,铿尔,舍瑟而作,对曰:"异乎三子者之撰。"子曰:"何伤乎?亦各言其志也。"曰:"莫春者,春服既成,冠者五六人,童子六七人,浴乎沂,风乎舞雩,咏而归。"夫子喟然叹曰:"吾与点也!"三子者出,曾皙后。曾皙曰:"夫三子者之言何如?"子曰:"亦各言其志也已矣。"曰:"夫子何哂由也?"曰:"为国以礼,其言不让,是故哂之。""唯求则非邦也与?""安见方六七十,如五六十而非邦也者?""唯赤则非邦也与?""宗庙会同,非诸侯而何?赤也为之小,孰能为之大?"

——《论语·先进》

◆ **白话译文**

有一次，孔子的四个学生子路、曾皙、冉有、公西华陪他坐着。孔子说："不要因为我比你们年长一些而拘束不敢言。你们平时总是说：'没有人知道我啊！'假如有人了解你们的才能，任用你们做官，那你们要干些什么呢？"子路抢先回答说："一个拥有一千辆兵车的中等国家，常受大国的侵犯，国内又常遭灾荒，让我去治理，只要三年就能使人们勇敢善战，并且懂得礼仪。"孔子听了笑了笑，接着又问："冉有，你呢？"冉有回答说："方圆六七十里或者五六十里的国家，让我去治理，只要三年，就可以使老百姓富足。至于文化礼乐，只有等待君子来实现了。"孔子又问："公西华，你怎么样呢？"公西华回答说："我愿意穿着礼服，戴着礼帽，学习做一个小相。"孔子又问："曾皙，你的打算是什么呢？"这时曾皙弹瑟的声音逐渐放慢，接着铿的一声，他离开瑟站起来说："我和他们三位所说的不一样。"孔子见他不愿意多说，就鼓励他："这有什么关系呢？不过是各自谈谈自己的志向啊！"曾皙说："我的志向是：在春季天气暖和的时候，我和五六个成年人，六七个少年，一起去河里洗洗澡，在岸上吹吹风，一路唱着歌走回来。"孔子长叹一声，说："我赞同曾皙的想法。"过了一会儿，子路、冉有、公西华都出去了，曾皙就问："这三位的话怎么样呢？"孔子说：

"也不过是各自谈谈自己的志向罢了。"曾皙说:"那你为什么要笑子路呢?"孔子说:"治理国家要讲谦虚礼让,可是他说的话一点也不谦虚,所以我笑他。"曾皙又问:"难道冉求所说的就不算治国了吗?"孔子说:"怎见得纵横六七十里或者五六十里的地方就不是国家呢?"曾皙又问:"难道公西华所说的就不算治国了吗?"孔子说:"宗庙之祭,会盟之礼,那不是诸侯之事又是什么?如果公西华只能做一个小相,那谁还能做大相呢?"

◆ 古人成果

我们看到,孔子的课堂教学气氛非常民主和谐,师生对话,趣味盎然。孔子的因材施教、循循善诱、启发式教学,通过提问和师生互动的方式运用得十分自如洒脱。学生各言其志,志向高远,个性鲜明,各有特点,都值得肯定。子路的发言美中虽有不足,但也问题不大,孔子没有当面指责,只是笑笑罢了。曾皙的表现比较突出,孔子和其他同学谈话时,他却是在弹瑟,自得其乐。可是孔子了解他的性格,认为他不是故意捣乱,所以没提出批评。曾皙讲的志向,如果是现代某些望子成龙的家长听了,一定会认为这是"没出息",而孔子却认为曾皙讲的是心里话,没有私心杂念,十分热爱生活,境界高远,所以表示赞同。

孔子教育学生,民主风气极浓。教师善于提出问题,引导学生分析问题、解决问题。在讨论问题时，师生互动，畅所欲言，可以发表不同的意见。这样极大地发展了学生的个性，培养了学生的独立思考能力，提高了教学质量。

◆ **今人实践**

广西玉林市教科所非常重视问题教学法的研究和推广。2004年立项课题"新课程实施中问题教学法的实验与研究"（广西教育科学"十五"规划A类资助经费重点课题）开展研究。该课题研究成果汇编为专著《新课程问题教学法实验与研究》，于2006年5月由广西教育出版社出版。接着于2005年11月又确定了一个新的课题"新课程问题教学法区域性实验与推广研究"（广西教育科学"十一五"规划A类资助经费重点课题），计划在全市中小学开展新课程问题教学法区域性实验与推广研究工作。此外，编写"新课程问题教学法学习指导"丛书出版。经市教育局同意，按"家长同意，学生自愿，应用试验"的方式，由部分实验学校试验使用，既作为教师的"教本"，又成为学生的"学本"，使教与学协调统一，从而达到教师会教、学生会学的目的，更有效地提高课堂教学的水平和质量。

蔡梓权主编的《玉林现象》一书在新课程问题教学法研究方面颇有成果，下面简要介绍部分内容。

一、新课程问题教学法概念所包含的主要内容

1. 明确教师的作用是引导、指导，教师的教学行为是创设情境、善导问题。

2. 指出学生的学习方式和学习过程是自主、合作、探究，即自主学习、合作交流、讨论探究。

3. 指明教与学的方法，是以问题为主线指导学生自主学习，引导学生努力地发现问题、提出问题，探寻解决问题的途径和方法，即采用问题教学的方法实施教学。

4. 注重培养学生形成正确的学习态度，即积极主动的、努力的学习态度。

5. 明确教学达成的目标，促使学生获得终身学习所必备的基础知识和基本技能，学会学习，并形成正确的价值观。

这个内涵是新颖的、丰富的，符合时代发展的要求，具有鲜明的时代特色。

二、教育专家、中小学教师在新课程问题教学法理论与实践探究方面的主要观点和具体实践

蔡梓权：新课程问题教学法重在以问题为主线，指导学生自主、合作、探究地开展学习活动，师生共同活动、共同发展。教师致力于加强自身设问置疑的引导能力，使自己善导问题，指导学法；学生注重加强自己的思考能力，使自己

更善于思考问题、发现问题、提出问题、分析和解决问题，在学习文本、掌握"双基"、应用知识、总结反思的过程中，学会学习，全面发展。实践证明，这样的课堂教学是有效的、成功的、高质量的。不少教师在新课程问题教学法的教学实践中取得了成功，迅速成长为优秀的教育科研人才。

新课程问题教学法以新课改理念为指导，源自教学，基于实践，平实自然，操作简易，可行性强，具有广泛的适应性和强大的生命力。一种新的教学法在几年时间里，能够比较迅速地获得广大教师的认同并让大家主动应用，取得显著的成效，其关键就在于这种新型教学方法理念先进，切合教学实际，操作简便。

彭运锋：通过新课程问题教学法的实施，促进我们的教师掌握新课改理念并运用到实践当中，促进了教师角色和教学行为的转变。我们的教师在为学生的创新和奇思妙想感到喜悦的同时，更为自身创造力的发现而振奋，为自己和同伴职业生活的变化而自豪。

可以说，新课程问题教学法改变了以往"提出问题—讨论问题—解决问题—学习过程结束"的只重问题引入的学习过程，初步实现了课程教学从粗放到集约的转变。

实践证明，基础教育科研的需求催生了新课程问题教学法，广大教师尤其是农村教师的课改实践推动了新课程问教学法的发展。新课程问题教学法是一种教学方法的改革和创新，但它同时又是一种符合时代发展要求的崭新教育理念的构建。它为培养新一代全面发展的学生，塑造新一代具有新理念，富有实践、学习、研究和创新精神的教师做出了贡献。

罗欢：教师提问学生，目的就是让学生从未知走向已知，使学生的思维从分散走向集中。例如，在教学五年级艺术下册《广而告之》一课时，教师问：夏天快到了，同学们最喜欢吃什么冷饮呢？学生们的回答五花八门。接着，教师又问：你们都能吃到你们喜欢吃的冷饮，但我们身边还有许多因经济困难无法上学的孩子。你们看（课件展示），这是爱心牌冰激凌，想拿来义卖，卖得的钱要捐助给那些失学儿童，让他们也能上学。你们帮忙设计一个好的广告，让爱心牌冰激凌更畅销，让更多的人都来帮助那些失学儿童。由此引出本次上课的主题后，教师又问："平时你们都在哪里见过或听到过广告？"从而引出了广告分类，学生从中明确本节课学习的内容主题。

课堂提问一般是指教师向学生提问，但是从发展的角度来讲，学生要学会向教师提问，而且要善于向自己提问，即课堂提问应该是一个师生双边的活动。所以，作为教师应设计相关的问题，来引导学生提出问题。思维自问题开始，让学生提出问题是最高形式的训练。教师要引导学生多问，多问即是多思考，思考即是研究。这将使学生的理解走向深入，认识得以升华。问题教学法反对那种琐碎的无思考价值的问题，反对那种不能激发学生想象力、思维力的问题，反对那种浅显的无味的提问。问题的设置要有目的，合乎教学内容和教学目标。设疑提问不能形式主义、为设疑而设疑，不要搞形式、图花架子。设疑不是教师提一些简单的本身带有暗示性的"是不是""对不对"的问题，也不是学生不假思索就能异口同声回答的问题，更不是流水式提问而导致的"满堂问"。那种只图课堂表面热闹的提问，是不利于学生思维发展的。

谢肖映：作文教学可以利用生活、实物、音乐、语言、表演等途径，创设丰富的、形象生动的情境，全方位地调动学生的手、脑、口，使学生全身心地沉浸在活动过程中。如布置学生写关于过年的作文，可以先引导学生回忆过年时的场景——拿压岁钱、贴春联、穿新衣、放鞭炮、舞狮……然后提出各种问题，如过年为什么要贴春联？你知道有哪些不同种类的春联吗？新年拿压岁钱、穿新衣有什么寓意？让学生充分思考后再进行写作，他们就会有话可说，有情可抒，写起文章来就会下笔如有神。

创设想象情境，让学生放飞想象，让他们提出问题后再根据问题进行作文，快乐地写作。又如，要求学生写一篇游记，可以让学生扮演导游来介绍家乡的风景。可以设计这样的问题：要去游什么地方？那里有什么怡人的景色？有什么优美的传说和风土人情？再如，《外星人与我》《20年后的电脑》《太空之旅》，等等。通过创设想象情境，让学生放飞思维，提出一些富有启发性与想象性的问题，激发学生的写作兴趣。

陈国勋：在"三视图"教学中，我们可以引导学生通过发现不同的问题而提出问题。

给学生每人一个有图案的长方体盒子，让学生分组观察，提出问题。

第一组：我们发现有图案的长方体盒子从不同的方向看不一样。

第二组：我们组的几个人把有图案的长方体盒子剪开了，但得到的图形不一样。

第三组：我们思考怎样设计一个长方体盒子使它的体积大而用料最省。

第四组：我们在想怎样设计它的外包装图案才能更加吸引人。

师：今天同学们提的问题都很好，反映了不同的问题，我们需要从各方面来研究。其中，第一组的问题是我们进一步要研究的"三视图",第二组的问题是我们需要研究的"立方体的展开图",第三组的问题是我们需要研究的立体图形的表面积和体积,第四组的问题是关于数学与美学的联系。

在进行"这样的游戏公平吗?"这一课时,可以设计这样一个游戏:在20张纸条中,只有一张有奖品,将有奖纸条放在最后,让20位同学抓。游戏结束后,学生们发现这个游戏不公平。针对这样的质疑,让学生们展开讨论。很快,有同学总结出"越晚抽的同学拿奖的概率越大"。然后顺势引出课题,让学生们进一步讨论"怎样才能让游戏公平?"学生们的学习积极性由此很快被调动了起来。在课程刚开始时,游戏激起了学生心中的疑团,为后面的教学过程做好了铺垫。这样,学生的整个认知系统被激活,就会激发学生极大的学习兴趣,让学生立即进入主动探索理解新知识的阶段。

沈英:在合作学习的过程中,教师要培养学生"三会":一是学会倾听。不随便打断别人的发言,努力掌握别人发言的要点,对别人的发言做出评价。二是学会质疑。听不懂时,请求对方做进一步的解释。三是学会组织。主持小组学习,能根据他人的观点,做总结性发言,使学生在交流中不断完善自己的认识,不断产生新的想法,同时也在交流和碰撞中，一次又一次地学会理解他人、尊重他人，共享他人的思维方法和思维成果。这样，合作学习就不再是课堂教学的点缀，而是一种具有实际意义的扎实有效的学习方式。

有些学生往往思维不够敏捷，表达与交流能力弱，缺少动手操作的经验。在研究中，他们几乎不参与任何活动，既不爱倾听，也从不表达自己的看法。对这些学生，教师更要激发其兴趣，营造持久活跃的群体参与气氛，并有意识地安排他们独立完成一些内容——哪怕是最简单的任务，要求小组的其他成员主动征求这些人的意见，逐渐使他们融入集体活动中，让他们感受到成功的快乐。

总之，小组学习的机制不是一朝一夕就能形成的，要通过教师的不断指导、长期熏陶，学生们的相互探讨、不断反思、不断校正，才能逐步走向成熟。

陈长林：问题教学中可以通过各种手段创设问题情境，激发学生的学习兴趣。

1. 扩展旧知识。在开始"通电导线在磁场中受到力的作用"教学前，学生已经学过奥斯特实验及力的相互作用等知识，我们可以由此引出问题：奥斯特实验表明，通电导线的周围存在着磁场，通电导线是通过周围的磁场对附近的小磁针产生作用的。根据力的作用的相互性，小磁针也要通过磁场对通电导线产生力的作用。那么，通电导线在磁场中受到的作用力的方向究竟与哪些因素有关呢？

2. 激发认知冲突。在讲解额定功率和实际功率知识时，先让学生看两只灯泡，一只标有220V、40W，另一只标有220V、100W。然后，将它们串联在电路中，闭合开关后，学生将看到40W的灯泡反而比100W的灯泡亮得多。这是怎么回事？这个现象与学生原有的认知发生了冲突，学生自然而然会提出疑问，于是也就进入了问题情境。

3. 列举有待解释的事例。在教学惯性知识时，可以举例：人绊倒时通常是向前扑，而人滑倒时往往是向后仰，如何解释这一现象？这是一个司空见惯的现象，但学生在学习惯性知识之前难以做出正确的解释，于是就容易产生解答问题的内在需要，进入问题情境。

4. 提出知识实际应用的相关问题。在讲授变阻器的知识时，可以这么讲：在实际生活和生产中，有许多事要通过改变电路中电流的大小来实现。如改变台灯的亮度，改变收录机的音量，改变电风扇的转速，等等。那么，我们怎样才能改变电路中电流的大小呢？

5. 呈现需要相关理论解释的现象或事实。在讲授液体蒸发的知识时，先给学生呈现如下现象：用扇子对着一支温度计扇，温度计的读数不变；将温度计的玻璃泡包上棉花，再将其浸入酒精中，然后将温度计从酒精中取出，用扇子扇，温度计的读数迅速下降。如何解释这一现象？

覃飞翔：在高中地理教学中创设情境，引导学生发现问题、自主预习。教学情境可来源于多个方面。

1.生活中遇到的地理问题情境。如夏天本地天气热，并且白天的时间较长，而冬天相反，引出太阳高度角及昼夜长短的相关知识；从本地的"回南天"引出天气系统的相关知识，等等。

2.社会热点或重大事件。2008年5月12日，我国汶川发生了里氏8.0级大地震，举国哀悼。这时，可以引入相关情境引导学生学习地震灾害等相关知识，有利于调动学生的学习情感，让学生既体会到互助互爱的中华民族精神，又感受到地理知识的用处，实现有效教学、教育。又如，神舟七号的发射、太空活动等，都可以成为引导学生自主预习的问题情境。

3.与地理相关的小故事。二战历史上，有很多与洋流相关的案例，如德军利用直布罗陀海峡的洋流自在地来往于地中海与大西洋之间，给盟军带来了巨大损失。通过这样的故事，引导学生找出问题，结合问题自主预习，从而为课堂学习做好准备。

4.相关资料中提供的问题情境。如从古诗"人间四月芳菲尽，山寺桃花始盛开"，引导学生学习地理环境的整体性和差异性知识。

教学情境的创设还可以多样化，如模拟风的形成实验、酸雨危害的观察实验等。只要是能够用于引导学生自主预习的情境，都可以成为我们的教学情境。

有了情境，问题的引出可分两种情况进行操作：一是由学生根据情境发现问题，教师根据学习要求引导学生归纳为课程相关的问题，指导学生学习；二是教师引导学生发现问题，学生根据教师的引导总结出问题。不管是哪种方式生成的问题，都应该与教师依据课标要求，结合教学内容精心设计的问题相贴合，问题的生成结果应大体在教师的把握中。设置的问题应具有思维性、层次性、趣味性，才能吸引学生主动探究、积极思维。如利用汶川大地震的情境，可以引导形成以下问题：什么是地震、地震有哪些类型？这次地震属于哪一类？它可能是怎么形成的？是不是所有的地震都会造成如此重大的损失？地震能被预报吗？有哪些预兆？假如你遇到地震该怎么应对？我们这里可能发生大地震吗？

黄府：我在历史课堂中创设问题情境的主要做法有以下三种。

1. 通过新颖、有趣味的设问创设情境，激发学生学历史的兴趣。我在讲九年级世界历史中关于美国南北战争的内容时，先给学生讲，有人说斯托夫人写了《汤姆叔叔的小屋》这部书，挑起了美国内战。进而指出美国总统林肯在接见斯托夫人时，说她是一位挑起战争的小妇人。之后提出问题：

"对以上材料的说法,你认为是否有道理?美国内战的真正原因是什么?"由此导入新课。通过创造这样的悬念,激发学生的学习兴趣。

2.通过实物、图片、模型展示等直观手段创设情境。如在讲北京人的体质特征时,我把仿制的北京人的头像模型带入课堂,让学生仔细观察,并与现代人比较。学生很快就能掌握"北京人的基本体态特征"这一内容。再如讲"秦始皇统一货币"时,提问"秦始皇为什么要用圆形方孔铜钱作为全国通行的货币?"引导学生从分析课文中各诸侯国的货币插图入手。当时齐国是刀形币,赵国是铲形币,楚国是蚁鼻钱,秦国是圆形方孔铜钱。通过比较,学生认识到秦始皇之所以选用圆形方孔铜钱作为全国通行的货币,不仅因为它是原来秦国一直使用的货币,就其形状而言,圆形方孔铜钱比其他几个诸侯国的钱币更规范,便于铸造,中间有一个方孔,便于携带。更重要的是,通过货币的统一,可促进各地区经济文化的交流,有利于经济的发展和政权的巩固。

3.让学生模拟历史人物或表演一个历史短剧等,通过角色体验,把学生引入具体的历史事实情境中。我结合教学内容,让学生表演历史短剧,把学生引入具体的事实情境中去体验。这样学的知识才记得牢、记得久。如讲"罢黜百家,独尊儒术"时,由学生预先编排,课前自己收集材料。课上,请四个学生到讲台上,其中一个扮演汉武帝,另外三个分别扮演当时的法家、道家、儒家的代表人物，分别说明自己的主张及理由。在课堂上，同学们的表演非常投入认真。又如，在讲宋元文化时，我请一位同学扮演南宋词人辛弃疾。"辛弃疾"在课堂上慷慨激昂地吟诵："何处望神州？满眼风光北固楼。千古兴亡多少事，悠悠，不尽长江滚滚流。年少万兜鍪，坐断东南战未休。天下英雄谁敌手？曹、刘，生子当如孙仲谋。"当时，无论是扮演者，还是观看的同学，都感受到了辛弃疾那愿为国家统一献身的满腔爱国热忱和豪情壮志，更激起了他们对当时南宋统治者苟且偷安的强烈愤慨。同时，从这首仿佛能听到金戈铁马之声的词作中，学生们也深刻理解了宋词中最具代表性的豪放派词风。通过这样的活动，学生的阅读能力、综合归纳能力、独立思考能力、口头表达能力、即兴表演能力都得到了锻炼和提高。

刘耀国：爱因斯坦说过，"提出一个问题往往比解决一个问题更重要"。在教学活动中，教师应努力营造活跃、宽松、民主的课堂氛围，爱护和尊重学生的个性，鼓励他们大胆发言、积极思维。老师应重视对学生问题意识的培养，结合学习过程精心设置问题情境，使学生意识到问题的存在。当学生感到自己需要问"为什么""是什么""怎么办"的时候，思维已被启动。他们的意识越强烈，思维就越活跃、越深刻。

在引入新知时，设置问题情境，可使学生明确学习方向，以最佳状态投入学习活动。如在讲授生物生命现象的七个基本特征的重点内容时，教师先提了一个问题："大家在家都见过许多生物，请问你们能说出它们有哪些共同点吗？"学生的答案都集中在有生命这一点上。教师进一步问："如何知道它们有生命？"马上就有同学说："如将鸡蛋浸入水中，表面有气泡冒出，那就说明鸡蛋有生命。"问："为什么？"学生的思维会随着由现象引出的问题而活跃起来。由上述现象推出鸡蛋与外界进行气体交换，进一步引导学生总结出："凡生物与外界进行物质和能量的交换，即为新陈代谢。"学生进而继续推导总结：鸡蛋能孵出小鸡，小鸡能由小长大，引出生物能生殖和发育，生物有生长现象；小鸡与母鸡相似但又不完全一样，引出生物具有遗传和变异的特性；鸡蛋由细胞构成，引出生物具有严整的结构，等等。这样以"蛋"为切入点，抓住学生的好奇心，让学生提出问题，积极思考、议论，在活跃的课堂气氛中，激发学生主动学习生物科学的兴趣和探索生命科学奥秘的意识。虽然这节课无法一一解决这些提出的问题，但学生通过积极思考，自己提出问题，思维处于活跃状态，学起来也特别感兴趣，学习的效果也就达到了。

龙玉洁：长期的现实教学现状是，预习被异化为词典解释的含义。预习或者处于从属的、可有可无的地位，或者变成了课堂教学的向前延伸。老师都不重视，学生的态度可想而知。因此，在应用新课程问题教学法进行教学时，我必"舍得"用"教学时间的三分之一左右"，在课内指导预习。

半学期后，我要求全班72名学生在10分钟内总结"在课堂预习的好处"，总结的内容按出现率由高到低依次为：①学会了找问题，听课更有兴趣；②比在家里预习认真；③听课比以前明白。这三点均有超过半数的学生提出。特别是第一点，占到全班人数的67%。由此可见，预习放在课内指导，对自控能力不够的小学生来说很有必要，它能激发学生的学习兴趣，让学生有自主学习的时间，调动学生的学习能动性。

例如，在学习艾青的《太阳的话》这首诗歌时，课文后面有这样的一道练习题："为什么要把花束、香气、亮光、温暖和露水洒满心的空间？"学生预习后，提出的问题是"为什么说心像小小的木板房？"可以说，读不懂"让你们的心像小小的木板房"这句话，就无从理解"要把花束、香气、亮光、温暖和露水洒满心的空间"。我在备课时也只关注到了课本上提出的那个问题，而在理解诗歌时，最能切入这首诗歌情感起源的，却是学生提出的这个颇有价值的问题，思考这个问题对引导学生更快地理解这首诗歌有着重要作用。正是应用了新课程问题教学法，发挥了学生的学习能动性，才弥补了"教师"这一角色的不足，提高了语文教学的效率。

◆ **总结反思**

学校是教育实践的场所，生动、丰富的教育实践是教育科研取之不尽、用之不竭的源泉。历史上的教育经验都是在实践中积累的，教育思想也是在实践中产生的。离开教育实践，教育科研活动便成了无源之水、无本之木。因此，作为教育实践主体的学校校长和教师，只要肯于学习、勇于实践、勤于思考、善于总结，是能搞好教育科研的。

学校在开展教育科研时，要注意以本校改革和发展中的实际问题为中心，着眼于对教育教学中的实际问题的理论思考，着眼于教育新实践和新发展。把校本科研、校本教研和校本培训有机结合起来，着力解决问题，改进工作，提高教学质量。

学生思考的问题的确比较多，有的是我们现在需要解决的，有的是我们在以后的学习中需要不断探索的。教师可以通过各种情境，让每一个学生都有机会去表达，通过各种方式方法，让每一个学生获得发现问题的喜悦。学生有了自信，学习兴趣也就提高了，就能更主动地探索问题和提出问题，为以后讨论问题打好基础。

教学相长

生可以为师,师亦可为生。教学互促,共同进步。

> 孔子曰:『三人行,则必有我师』。是故弟子不必不如师,师不必贤于弟子,闻道有先后,术业有专攻,如是而已。
>
> ——《师说》

- **白话译文**

孔子说:"几个人走路,就一定有可以做我的老师的。"所以学生不一定不如老师,老师也不一定什么都比学生强,懂得道理有先后,知识和技能各有专长,如此罢了。

- **古人成果**

《礼记·学记》中写道:"虽有嘉肴,弗食,不知其旨也;虽有至道,弗学,不知其善也。是故,学然后知不足,教然后知困。知不足,然后能自反也;知困,然后能自强也。故曰:教学相长也。《兑命》曰:'学学半。'其此之谓乎?"意思是,虽然有好菜摆在那里,如果不吃,也就不知道它的美味;虽然有最好的道理,如果不去学习,也不会知道它的美好可贵。所以说,经过学习之后才知道自己的知识不够,经过教学之后才知道自己理解得不透。知道了自己的知识不够,然后才能反过来要求自己努力学习;知道了自己理解得不透,然后才能自强不息,勤奋钻研。所以说,教与学是相辅相成、互相促进的。《尚书·兑命篇》说:"教别人能够收到一半的学习效果,教学互进。"大概说的就是这个道理吧。

教学相长是儒家重要的教学思想之一。上述《礼记·学记》中的这则短文,开篇先以"虽有嘉肴,弗食,不知其旨也"这个贴切的比喻,引出"虽有至道,弗学,不知其善也"的道理,表明了学习的重要性。然后将教与学两方面对举并列,进行论述:学的方面,从师学习了,才能知道自己的不足,才能严格要求自己;教的方面,经过教学生,才能发现自己理解得不透,才能自强不息。从而清楚地表明了教与学两方面在教学过程中都能获得教益,精辟地阐明了教与学两方面互相促进的关系,最后得出"教学相长"的结论。

可见在教学过程中,教师和学生是可以互相学习、互相促进、共同提高的。践行教学相长的教育理论,可以更好地提高教学质量。我们为了进一步践行、推广教学相长的理念,提高教学质量,必须注意以下几个问题。

一、要有一个重视教育的大环境

中国是个文明古国,古代的圣贤早已认识到教育十分重要。他们说:"玉不琢,不成器;人不学,不知道。是故古之王者,建国君民,教学为先。"(《礼记·学记》)意思是,即使是质地美好的玉,如果不经过琢磨,也不能成为有用的器皿;人虽然自称是万物之灵,如果不肯学习,也不会明白为人处世的道理。所以古时候的君主,建设国家,管理人民,都是以教育为最优先、最重要的工作。我国也非常重视教育,尊师重教是我们中华民族的优良传统。国家的教育法规定,教育是社会主义现代化建设的基础,国家保障教育事业优先发展。自1949年以来,特别是实行改革开放以来,各级政府、社会、人民群众都很重视教育,认识到百年大计,教育为本。当前,我国的教育事业有了很大的发展,教学的质量也在不断提高。这样良好的教育大环境,促进了教学相长这个教学方法的普及和发展。

二、提高教师的素质

教学相长,教与学是双向活动的,缺一不可。在教这方面,要求教师在思想和业务方面都有较高的素质。教师要热爱教育事业,要有使命感,要有责任心。"古之学者必有师。师者,所以传道受业解惑也。"(《师说》)教师要认真担负起教书育人的责任。如果没有这个思想基础,就是教了也不会"知困",即使"知困"也难以做到"然后能自强也"。现在有些学校的教育不成功,原因固然有很多,但最关键的是没有把师资队伍建设好。如果教师不热爱教育事业,没有使命感,没有责任心,是很难达到教学相长这个目的的。

> 今之教者,呻其占毕,多其讯言,及于数进而不顾其安,使人不由其诚,教人不尽其材,其施之也悖,其求之也佛。夫然,故隐其学而疾其师,苦其难而不知其益也。虽终其业,其去之必速,教之不刑,其此之由乎!

这段话出自《礼记·学记》,意思是:现今之教人者,虽然口里念着书本,但心里并不通达,故意找些难题来问学生,讲一些枯燥无味的名物制度,让人听不懂,但求多教,不管学生明不明白。而且教人时没有一点诚意,又不衡量学生的程度与学习能力,对学生的教导违反情理,学生求学也违逆不顺。如此一来,学生越来越厌恶学习,憎恶师长,以学习为难、为苦,而不明白学习的快乐与好处。虽然课业勉强读完了,也很快就忘得一干二净。教育之所以不成功,原因就在于此。

由于"今之教人者"教育无方,教态不端,责任心不强,造成学生厌学憎师的恶果,古人认为这就是教育之所以不能成功的原因。这里讲的是古代教师在教学过程中犯的毛病，历史像面镜子，现在学校里的一些教师也在不同程度上存在这种毛病。毛主席说："教改的问题，主要是教员问题。"我们应当高度重视教师队伍的建设。

三、教师要积极改进教学方法

《礼记·学记》："大学之法，禁于未发之谓豫，当其可之谓时，不陵节而施之谓孙，相观而善之谓摩。此四者，教之所由兴也。"这段话的意思是：大学的教育是，在不合正道的事发生之前加以禁止，叫作防患于未然；在适当的时候加以教育，叫作合乎时宜；依据学生的程度，不跨越进度，不超出其能力来教导，叫作循序渐进；使学生互相观摩并学习他人的长处，叫作观摩切磋。这四种教学方法，是教育之所以兴盛的原因。防患于未然、合乎时宜、循序渐进、观摩切磋这四种教学方法，是前人从教育实践中总结出来的成功经验。在现代教育中，我们应该结合新的实际情况进行运用和创新，从而使教学相长，收到更好的教学效果。

四、教师要善于总结教育失效的原因，避免重蹈覆辙

《礼记·学记》："发然后禁，则扞格而不胜；时过然后学，则勤苦而难成；杂施而不孙，则坏乱而不修；独学而无友，则孤陋而寡闻；燕朋逆其师，燕辟废其学。此六者，教之所

由废也。"这段话的意思是：在不良行为发生以后才去禁止，就会遭到情绪上的抵触而不易纠正；错过了时机再去学习，即使努力苦学，也难有成就；东学一点西学一点，不按照进度学习，就会陷于混乱的境地，不能取得成效；没有同学在一起研讨切磋，就会孤陋寡闻；沉溺于与朋友娱乐，就会违背老师的教诲；沾染上不良习气，就会荒废自己的学业。这六项，是导致教育失败的原因。这里认真总结了教育工作中深刻的教训，很值得今人借鉴。失败乃成功之母，只要好好吸取教训，以后就一定能成功。

五、学生要立志向学，勤奋学习

学生为什么要立志向学，勤奋学习？《礼记·学记》做了中肯的回答："良冶之子，必学为裘；良弓之子，必学为箕；始驾马者反之，车在马前。君子察于此三者，可以有志于学矣。"意思是，优秀的冶匠之子，一定先学会用皮子镶嵌成衣；优秀的弓匠之子，一定先学会用柳枝编织成箕；小马初学驾车与大马相反，是跟在车子后面的。人们懂得这三层道理，就懂得怎样做学问了。

《礼记·学记》还进一步指出："君子曰：'大德不官，大道不器，大信不约，大时不齐。'察于此四者，可以有志于本矣。"君子说："德行高的人，不限于只担任某种官职；普遍的规律，不仅仅适用于某件事物；讲诚信的人，不必靠立约来约束；天有四季变化，无须划一，也会守时。"懂得了这四层道理，就懂得做学问要从根本着手了。

这两段话强调了学习的重要性。学生的任务就是学习，要"有志于学""有志于本"，在学习知识的过程中，学会求知，学会做事，学会处世，学会交往，学会做人，学会生存。学生的学习目的明确，态度端正，志向高远，就会努力学习，虚心学习。所以"学然后知不足"，"知不足，然后能自反也"。

上述五条应注意的问题，其实就是践行教学相长、提高教学质量的途径，同时也是对老师、学生的基本要求。

当代学校教育十分重视对教材教法的研究，在教学相长的研究和运用方面也取得了可喜的成绩。下面展示几个教学相长的教学案例。

◆ 教学案例一

在义务教育课程标准实验教科书（北师大版）《生物》七年级下册第11章第1节《人体产生的代谢废物》中，有一道思考与练习题："有人说'汗液与尿液是一样的'，你是否同意这一说法，请说明理由。"某校任课老师在开始进行这部分内容的教学设计时，计划把该题作为课堂练习组织学生讨论，以促进学生对知识的理解。可是在实际教学中，同学们对该题的讨论进程及结果，大大出乎老师的预料。

本题为开放型讨论题，答案可以是两种完全相反的结论。为调动学生参与讨论的热情，有效地组织讨论，老师先将黑板一分为二，分别写出"汗液与尿液一样"和"汗液与尿液不一样"的字样，然后宣布，会将同学们回答的理由逐条列在黑板上，只要言之有理即可。

刚开始同学们讨论的焦点集中在是否同意结论上，有同意此说法的，也有反对此说法的，都说出了自己的理由。可当各位同学阐述理由时，有同学提出不能绝对地说"汗液与尿液一样"或"汗液与尿液不一样"，因为二者有相同、也有不同，因此讨论题应改成"比较汗液与尿液的异同"。此观点提出后，得到多数同学的认同。这让老师感到惊喜，也就顺应"民意"，同意将题目改为"比较汗液与尿液的异同"。

老师先让学生阐述"汗液与尿液相同"的理由，大家的回答集中在两个方面：一是它们都含有代谢废物，二是它们所含的物质种类大致相同。有一位同学突然提出"味道相同"，课堂一片哗然。有同学马上站起来笑着说："请问是什么味道呢？"该生理直气壮地说："咸的。"又有同学紧接着问道："如果你说尝过汗液，我们相信，难道你还尝过尿液吗？"大家情不自禁地哈哈大笑。该生面红耳赤，小声说了句"你才尝过"，紧接着严肃稳重地说："由于二者的组成成分中都含有无机盐，根据我们的生活常识推断，汗液和尿液的味道应该都是咸的。"班上有同学微微点头肯定他的说法。老师顺势引导,让学生们认识到有的问题可以运用已有的知识或经验进行分析、推理、判断,或进行假设、设计实验、进一步验证等,从而得出结论。这时,有同学提出:"为什么我们平时不容易闻到汗液的味道,却容易闻到尿液的味道呢?"许多同学也露出了困惑的神色。老师告诉学生:"味道"和"气味"是两个不同的概念,"味道"是通过舌进行辨别的,而"气味"则是通过鼻辨别的,这些知识将在以后学习。同学们这才恍然大悟。

老师借助这个话题,引导学生进行"汗液和尿液的不同之处"的讨论。此时,同学们的学习热情已经被完全激发,争先恐后地阐述自己的理由。老师一边记录他们的观点,一边引导他们相互质疑、相互辩论。经过一场激烈的思维碰撞,同学们分析归纳出"汗液和尿液的不同之处"有9点。

首先,有学生根据课堂学习的理论知识分析得出:①二者所含的各种成分含量不同,如尿液中水、尿素、无机盐等的含量远远超过汗液中这些成分的含量;②二者排出的途径不同,尿液是通过泌尿系统排出的,而汗液是通过皮肤排出的。

有同学则由此推理、衍生出新的结论:③形成二者的器官不同,尿液是肾脏形成的,而汗液是汗腺分泌的;④二者的输送管道不同,尿液由输尿管输送;⑤二者出口的数量和位置不同，尿液通过一个尿道排出，汗液则通过许多毛孔排出。

也有同学根据课堂演示实验"尿液成分的测定"的实验现象，结合生活经验得出：⑥二者气味不同，尿液的气味大，臭味浓；汗液气味小，积多了才有臭味。⑦二者颜色不同，尿液色深，汗液色浅。

受此启发，又有同学提出：⑧二者排出的量不同，尿液较多，汗液相对较少，尤其是冬天时排出量更少。

更有一位同学提出了让老师感到十分新颖的观点：⑨二者与人类、环境的关系不同，尿液比汗液臭，会影响人们的健康，还会污染环境。就在许多同学表示赞同时，有同学反驳道：尿液可以作为肥料，施与庄稼，重新利用，人们可以利用这一特点变废为宝。而汗液则不能……直到下课铃声响起，同学们仍不愿结束讨论，还表示要回家查阅资料，继续寻找"汗液与尿液的异同"。

这个案例带给我们许多启示和思考。

1.教学理念决定教学行为。这堂课的指导思想来自新课标所提倡的"面向全体学生，提高生物科学素养，倡导探究性学习"的理念。在进行这节课的教学设计时，就要紧紧围绕"提高学生的生物科学素养"中生物科学概念和科学探究能力这一核心目标，在教学过程中始终注意面向全体学生，有意识地引导学生主动参与探讨、乐于探究问题，鼓励学生在学习中做大胆的猜想，对一个问题做多种推测，使学生在思考问题中找到解决问题的办法。培养学生在解决问题的过程中获取新知识，提高交流与合作的能力。可以说，正是在新课标理念的指导下，才有了这次成功的尝试，才使这节课有了意想不到的收获。

2. 学生在学习方面是有巨大潜能的。通过这节课的教学实践活动，我们进一步深刻认识到，教师只要运用科学的教学方法，给学生创造展示自我的机会，鼓励学生对问题进行讨论甚至争论，就能让学生的思维在碰撞的过程中产生智慧的火花。学生的潜能一旦被激发出来，产生的效果是教师课前没法预料的。从这节课来看，学生的讨论结果充实了教学内容，大大完善了教参上的答案，打破了编书者、执教者的思维定势。

3. 学生是教师宝贵的学习资源。在教学设计或教学过程中，教师不仅要有引领学生学习的意识，也应有向学生学习的意识。也许学生的专业知识不如教师，但学生身上确实有许多值得教师学习的东西，尤其不能低估学生的群体效应。如本节课上，学生在讨论、争论中互相启发，提出了许多有见地的观点，弥补了参考书和教师备课中的缺失，让教师从中受到许多启发。课堂上学生们思维活跃、敢想敢说的特点也给教师留下了深刻印象。我们确实深深体会到了教学相长的优点。

◆ 教学案例二

教学课程为教材统编前，人教社 2014 年版《语文》一年级下册的《棉鞋里的阳光》。这是一节识字课，某校任课教师根据教材的特点、学生的实际情况及自主性学习的基本理念，设计了三个教学目标：

1. 认识"棉""照"等 13 个字，会写"妈""奶"等 6 个字。

2. 正确、流利、有感情地朗读课文。

3. 有关心长辈的愿望，学会体贴长辈。

课程记录如下：

师：同学们，别看这些生字又多又难，但只要大家开动脑筋，就一定有办法记住它们！（学生们很快就讨论了起来，交流汇报时，出现了"七嘴八舌"的生动局面）

生：我想出来了！老师，"合"可以这样记——"一人一口"就是合。

师：好，顺口溜的办法不错，谁还有别的办法？（一石激起千层浪，学生们争相介绍自己的办法）

生："棉花"的"棉"，左边是"木"字旁，和植物有关；右上角有个"白"，因为棉花是白色的；右下角有个"巾"，棉花可以用来织毛巾。

生："躺"的左边注意不能写成"身"。

师：提醒得不错，请大家伸出手，书空"躺"的左半部分。还有吗？

生：我用换一换的办法记"晒"——把"洒水"的"洒"的三点水换成日字旁就成了"晒棉被"的"晒"。你们同意吗？（学生们都说同意）

师：我也同意，还有其他的办法吗？

生：我用加一加的办法记"晒"，是在"日"的右边加上"西"字。

生：我可以把"晒"编成谜语——"西边的太阳"，打一字。

师：很棒！真是个爱动脑筋的好孩子。

生："眼睛"这两个字的偏旁相同，都是"目"字旁。

……

同学们你一言我一语，繁难的生字就这样被大家用奇思妙想记住了。

《义务教育语文课程标准》指出，识字教学要将儿童熟识的语言因素作为主要材料，同时充分利用儿童的生活经验，注重教识字方法，力求识用结合。运用各种形象直观的教学手段，创设丰富多彩的教学情境。

在这节课上，孩子们根据自己的生活经验进行联想、分析，既识了字，又发展了思维能力。孩子们在识字过程中表现得非常积极、热情、独立、自主，他们完全成了识字的主人。识字教学也由枯燥变得有趣，由单一变得多样。识字成为学生的一种精神享受和生活需要，久而久之，学生就能养成良好的自主识字习惯。

◆ **教学案例三**

某校物理课上，任课老师准备了三个能敲出声音的物体——木盒、喝水的茶杯和一个小鼓。

老师：请同学们把眼睛闭上，老师用细棍棒敲击其中任意一个物体，看谁能分辨出来是什么物体发出的声音。

学生们情绪高昂，体验到了物理课的有趣之处，对玩这样的游戏热情很高。实践证明，学生的判别能力是过关的。

老师：我们是用什么器官来感知声音的呢？

学生：耳朵嘛！

开场用简单的道具和最基本的问题，收到了明显效果，导入课有质量。

教学进入第二个环节，需要引导学生了解声音是怎样产生的。

老师：请同学们将大拇指和食指放在喉咙上，说"请自觉遵守课堂纪律！"大家有什么感觉？

学生：有振动的感觉。

老师继续引导学生观察鼓面上小纸屑的振动。学生发现鼓面振动时，纸屑在鼓面上"跳舞"。学生由此归纳：声音是由物体振动产生的。

老师：我们还能做哪些实验来验证这个结果？

学生：手指弹动琴弦会发声，琴弦在振动；冬天的电线，狂风吹过会发出呼呼的声音，电线在振动……

老师：很好！能想到这些，真棒！观察仔细！老师为你骄傲。老师再做一个实验，你们看这是怎么回事。（老师用手触击正在发声的鼓面，鼓声立即停止）这说明了什么？通过实验进一步证明，声音是由振动产生的，振动停止，声音随之停止。

教学进入第三个环节，需要引导学生了解声音是怎么传到我们耳朵里的。请学生自己动手做实验，演示声音的传播。演示内容包括声音在空气中的传播和在水中的传播。

实验过程：两位同学，一位敲击桌面，另一位将耳朵贴在桌面上听声音。在做这个实验时，调皮的学生热情高，他们会使劲敲击桌面。实验中需要抑制学生情绪，保持教室安静，避免误把空气中传来的声音当作桌面传来的声音。实验需要在教师的主导下，实现学生自主探究。实践证明，这类动手实验可以调动平时不大愿意参与课堂互动的同学的积极性。因此，物理教学需要尽可能地创造有趣的教学情境，让课堂面向全体学生。

接着老师拿来一个由两个一次性纸杯和一根棉线制成的"土电话"，介绍"土电话"的使用。老师问：谁想上来试一试？学生个个跃跃欲试，课堂效果很好。对于在真空中不能传播声音这个知识点，一般情况下，老师是在实验的基础上，引导学生通过推理得到这个结论的。可以引导学生由此联想太空中宇航员在舱外的对话途径：利用电子通信设备、哑语、写字等。而舱内有空气，宇航员可以直接对话。

教学的第四个环节，也可称为教授知识和技能、激发学生兴趣的环节。首先，带领学生学习声音在不同物质中的传播速度，请学生查看课本提供的速度数据，比较说明声音在不同物质的传播速度是不同的，即声音在液体中的传播速度大于在空气中的传播速度，小于在固体中的传播速度。其次，介绍信息窗。主要通过介绍信息窗中的信息，激发学生对声学的好奇心，引领学生认真学习物理，树立学习科学文化知识的思想。

反思本节课的教学，归纳为以下几点：

1.物理教学要巧用身边的器具、生活中的器材，利用坛坛罐罐做实验。一来实验器材学生能找到、有亲近感，做物理实验不难；二来物理实验在身边，可以在玩中学、学中玩，学生兴趣高。这不仅符合新课改思想，也符合学生的年龄特点和兴趣爱好。

2.提出问题是物理课堂教学不可缺少的环节，学生有问题提出，说明学生动脑筋了，是对老师教学内容进行思考的结果。本节课的成功之处，就是充分调动了学生提问的积极性，并通过师生互动，肯定了学生的思考，使学生把物理和生活很自然地联系了起来，拉近了物理与生活、物理与学生的距离。

3.把情感教育、行为教育、纪律教育与物理课堂教学结合起来。如在感受声带振动时，请学生说"请自觉遵守课堂纪律"；又如在介绍小河流水潺潺时，问学生"河水要是被污染了，还有这个心境吗"，等等。

4.通过鼓面振动产生声音的实验，培养学生全面性和逆向性思维的能力。

教学的过程是师生互动的过程，是启发、引领的过程，也是教师不断反思的过程。关注并充实教学过程，能有效提高教师处理教材的水平及情境设置的能力，教学质量自然能得到更快的提高。

好学之道

好学、博学、乐学,终有所成。

> 子曰：『君子食无求饱，居无求安，敏于事而慎于言，就有道而正焉，可谓好学也已。』
>
> ——《论语·学而》

- **白话译文**

孔子说："君子吃饭不要求饱，居住不求舒适，做事勤快，说话谨慎，有了问题到有道的人那里去请求指正，能做到这样，可以说是好学的了。"

- **古人成果**

孔子在这里提出了读书人必须好学，要对学习有浓厚的兴趣，喜欢学习，学而不厌。

相反，不爱学习有什么坏处呢？孔子在与子路的谈话中将这个问题分析得十分透彻。子路是孔子最得意的学生之一，十分能干，而且敢作敢为，但不爱学习，于是孔子找子路做了一次十分诚恳的谈话。

> 子曰："由也，女闻六言六蔽①矣乎？"对曰："未也。"
> "居！吾语女。好仁不好学，其蔽也愚；好知②不好学，其蔽也荡③；好信不好学，其蔽也贼；好直不好学，其蔽也绞④；好勇不好学，其蔽也乱；好刚不好学，其蔽也狂。"

以上出自《论语·阳货》。孔子说："仲由（子路），你听说过六种德行，会有六种弊病吗？"子路回答说："没有。"孔子说："坐下，我告诉你。爱好仁德却不好学习，其弊病是愚蠢；爱好耍小聪明却不好学习，其弊病是放荡不羁；爱好诚信却不好学习，其弊病是害人害己；爱好直率却不好学习，其弊病是说话尖酸刻薄；爱好勇敢却不好学习，其弊病是捣乱闯祸；爱好刚强却不好学习，其弊病是狂妄。"

"好仁不好学，其蔽也愚"。你爱好仁，但你不好学习，其弊病是愚蠢。因为你不学习，就不知道什么叫仁，就不知道怎样去实践仁，就分不清是非真伪，分不清善恶。小说《中山狼传》中的东郭先生，迂腐懦弱，滥用仁慈，因救助被人追逐的中山狼，差点被恶狼吃掉。

---

① 蔽：弊病。
② 知：同"智"。
③ 荡：放荡不羁，没有基础。
④ 绞：说话尖酸刻薄。

"好知不好学，其蔽也荡"。爱好耍小聪明却不好好学习，其弊病是放荡不羁。不好学习，就不能开智，智不开，就不能掌握丰富的知识。不学习只好耍小聪明，就会自以为是，目中无人，盲目自大。耍小聪明，放荡不羁，如此处世，必定会犯错误。

"好信不好学，其蔽也贼"。爱好诚信，却不好学习，其弊病是害人害己。诚信是美德，但讲诚信要符合义理。有个青年目睹他的表哥抢劫别人的财物，当表哥要求他不要把这事告诉任何人时，他竟答应了。在办案民警向他询问情况时，他信守诺言，没有向民警坦白真相。后来该案被公安机关侦破，这个青年也因犯包庇罪被法律惩罚。这个青年的所谓诚信，是不符合义理的，既害人，又害己。

"好直不好学，其蔽也绞"。爱好直率却不好学习，其弊病是说话尖酸刻薄。不学习，就不懂礼，不知道怎么说话。对人讲话不讲礼节、不看对象、不看时间场合、不注意分寸，自以为直率，实际却是尖酸刻薄，令人无法接受。

"好勇不好学，其蔽也乱"。只好勇敢而不好学，其弊病是捣乱闯祸。因为不学习就不知道什么是真正的勇，以为敢打敢闹就是勇，不懂得为了正义无所畏惧才是勇。结果不是见义勇为，而是是非不分地到处逞强捣乱，只会落得个众叛亲离的下场。

"好刚不好学，其蔽也狂。"只好刚强而不好学，其弊病就是狂妄。不学习就不懂得中庸之道，不懂得掌握刚柔的分寸，不知何时该刚，何时该柔。结果是逞强好胜，狂妄放肆，成为一个狂野之人。

朱熹在《论语集注》里说："六言皆美德，然徒好之而不学以明理，则各有所蔽。"六种美德各有其理，只有通过认真学习，才能既知其然，又知其所以然。学习而后开智，开智才能明道，明道后才能立德，德成又促进学习，如此形成一个良性的循环。

然而，除好学外，如果还能做到博学和乐学，才算得上是真正懂得学习之道。

子曰："君子博学于文，约之以礼，亦可以弗畔矣夫！"（《论语·雍也》）孔子说："君子要博学经典，广泛地学习知识，并用礼义来约束自己，就可以不背叛正道了吧！"

孔子在这里提出君子的博学要用礼义来约束：你学到了许多知识和技术，用来做什么？绝不能用来做坏事，应该用在正义上。人要坚守底线，要遵守社会公德、职业道德，要把知识用在为国为民的事业上，始终捍卫精神独立。像孟子所说的"富贵不能淫，贫贱不能移，威武不能屈"，方为顶天立地的"大丈夫"。曾子说："士不可以不弘毅，任重而道远。"这是对读书人文化使命的精准概括。继承和传播先进文化思想，一直就是读书人不可推卸的责任，如果放弃了这种责任，那么就有可能堕落为小人、恶人。

孔子叮嘱子夏："汝为君子儒，勿为小人儒。"说的也是这个意思。怎样才能取得广博的知识呢？子曰："盖有不知而作之者，我无是也。多闻，择其善者而从之；多见，而识之。知之次也。"（《论语·述而》）孔子说："大概有一种自己什么都不知而妄为的人，我没有这个毛病。我是多听听，选择好的加以学习；多看看，把应该记的记下来。这样，就可以达到'知之次'了。"

有句格言说：读史使人明智，读诗使人聪慧，数学使人精微，博物使人深沉，伦理之学使人庄重，逻辑与修辞使人善辩。社会在发展，人类在前进，哪个民族拥有更多博学的人才，哪个民族就兴旺发达，哪个国家就繁荣富强。

孔子介绍了自己求得广博知识有三大经验。

首先，反对"不知而作"，坚持知而后作。春秋末年，社会动乱，异端邪说渐渐流行。不少从政者没有理论知识，不了解实际情况，就随便发号施令，瞎干蛮干，把事情搞坏，这就是"不知而作"的结果。孔子对这种坏风气给予了严厉的批评，并声明自己没有这种毛病，是坚持知而后作的。实践出真知，真知指导实践。这些都是知与行的关系，是我们做学问和做人的正确道路。

其次，"多闻，择其善者而从之"。博闻才能广识，这是真理。世界的知识无数，要选择好的加以学习。苏联作家高尔基只读过两年书，从10岁起就开始了流浪生活，但他勤奋好学，当过学徒、饭馆跑堂、码头工人、面包师等。后来积极投身革命，曾几次被捕。因为他见闻广博，才写出了《母亲》《童年》《在人间》《我的大学》等优秀的著作。孔子自己也是一个博闻广识的学者。他3岁丧父，随着母亲在曲阜城厢过着贫贱无依的生活。他当过农民，种过地，放过羊，做过工匠，会唱歌、吹喇叭、演奏乐器，多才多艺，远近闻名。他还当过官，后来周游列国，宣传自己的政治主张，社交甚广。再后来是编古籍、办学、当老师，为传承中国古代文化和发展教育事业做出了伟大的贡献。

再次，"多见，而识之"。"多见"是指多多看书学习，多多参加社会实践，搞好调查研究。"识之"是指对于从"多见"获得的知识和实践经验，要把应该记的记下来。这个"记"包括用脑子记和用笔记。孔子的这条经验许多大学问家也在实践。我国地理学家徐霞客从22岁起直至终年，30多年如一日，不畏艰险走遍16个省，写成地理学巨著《徐霞客游记》。毛主席从青年时代便投身革命，南征北战，同时看书学习也伴随他一生。毛主席不仅是个伟大的革命家，也是个伟大的学问家。他写的《矛盾论》《实践论》等哲学名篇今天仍闪耀着光辉。他的诗词、书法艺术，也得到许多人的喜爱。据媒体报道，毛泽东的藏书目前全部放在中南海的菊香书屋中，有1万余种，10万余册，已达一个中型图书馆的规模。藏书种类繁多，涵盖古今中外、经史子集、天文地理，不一而足。毛泽东是实践"多见，而识之"的典型。

孔子曾说："生而知之者，上也；学而知之者，次也。"（《论语·季氏》）"知之次也"一语由此而来。"学而知之"仅次于"生而知之"。孔子也说过，"我非生而知之者"，连孔子这个大圣人、大学问家都不是生而知之者，可见"生而知之者"事实上是不存在的。"知之次"就是比"生而知之"次一等的"学而知之"。孔子认为他自己属于"知之次"，即"学而知之者"。这条经验十分重要，既有科学性又有实用性，给人们指明道路：知识的获得，不靠"生而知之"，而靠"学而知之"。我国现代文学巨匠鲁迅，一生著作和翻译硕果累累。他说："哪里有天才，我是把别人喝咖啡的工夫都用在工作上。"

孔子把"乐学"当作学习的最高境界。子曰："知之者不如好之者，好之者不如乐之者。"（《论语·雍也》）孔子说："对于学习和事业，知道它的人，不如爱好它的人；爱好它的人，不如以它为乐的人。"孔子这段话的内涵是极其丰富的，我们可以从多个角度去理解，获得多方面的启迪。

1.揭示了学知识和干事业要循序渐进的一般规律。"知之"是对事物的初步了解，是由"不知"到"知"的第一步；"好之"比"知之"深入了一步，从被动认知到主动认知，对所学的知识或所从事的事业产生兴趣；"乐之"是对

"好之"的升华，不仅积累了丰富的知识，而且掌握了其中的规律，学识、事业都有所创新，有所成就，形成了一种乐此不疲的心态。

2. 揭示了人的认识规律。正如毛主席在《实践论》中指出的那样："实践、认识、再实践、再认识，这种形式，循环往复以至无穷，而实践和认识之每一循环的内容，都比较地进到了高一级的程度。"我们可以把"知之"当作实践，获得的是感性知识，"好之"是感性知识上升到理论的理性认识；"乐之"是能运用理论指导实践，并且到了运用自如的程度。客观世界是不断变化发展着的，"知之""好之""乐之"也会循环往复以至无穷。《庖丁解牛》中的庖丁是一名厨师，他学习宰牛就经历了"知之""好之""乐之"三个阶段，终于在剖牛时达到"游刃有余"的境界。

3. 揭示了培养学习兴趣的重要性。爱好学习、快乐地学习，就是学习兴趣浓厚的表现。俗话说，兴趣是最好的老师。学习兴趣是一个人要求认识世界、渴望获得知识的带有情绪色彩的意向，它是调动学习自觉性和积极性的核心因素。我国著名的数学家华罗庚小时候就对数学有浓厚的兴趣，常在小杂货店里趴在账台上看算术书，念初中一年级时便迷上了数学，即使后来辍学在家也不放弃自学。他19岁时发表了著名论文《苏家驹之代数的五次方程式解法不能成立之理由》，引起了著名数学家熊庆来教授的注意。熊庆来教授把他调到清华,一颗充满希望的新星由此升起。

其实苦学与乐学两者很难一刀切分得清清楚楚,往往是苦中有乐、乐中有苦——当你经过刻苦学习,解决了疑难问题,或是有所创造,你会很有成就感,无比快乐;与此相对应的,虽然你以一种快乐的心态来开展学习,学习兴趣很浓,但学习毕竟要付出巨大的精力,用去很多时间,你也会感到辛苦。所以说,学习是苦中有乐、乐中有苦、苦乐相伴的。

◆ **今人实践**

孔子提出的要求虽然不容易做到,但只要有决心毅力就一定能够做到。况且,我们的国家建设日新月异,在物质和精神上已经为我们读书学习做学问创造了良好的条件,比孔子所处的时代好多了。当代的好学者应该更多,应该有更大的建树。

改革开放以来,广大的中小学教师积极行动起来进行教学改革,反对注入式、填鸭式教学,提倡因材施教、启发诱导,发展学生的创新思维,激发学生的学习兴趣,寓教于乐,收到了很好的效果。

以语文教学为例,中学生对语文的乐学,具体表现为对语文的学习有着十分浓厚的兴趣,十分积极主动。譬如上课前,会津津有味地预习,认真地看课文注释,查阅工具书,思考老师布置的预习题,主动提出一些问题。上课时,注意力非常集中，思维活跃，求知欲十分旺盛；常常积极参与课堂教学的师生互动活动，发表意见；勤做笔记，保持良好的书写习惯。课后能认真地独立思考，完成作业。对于老师布置的作文，胸中充满写作的冲动，联想和想象丰富，恨不得快点把自己的所见所闻所思所感用生动的文字表达出来，不写出来就觉得不舒服，把写作当作一件乐事。非常喜欢课外阅读，在老师的指导下，有意识地运用课堂教学上学到的语文知识去研究课外读物。这种扩展知识、开阔视野的课外阅读，反过来又充实了课内的学习。同时，积极地参加各种语文活动，如参加办墙报、办校刊、诗文朗诵会等。

◆ **总结反思**

孔子指出了好学者的几个特点，这也是成为一个好学者必备的几个条件。

1. 远大的志向。"君子食无求饱，居无求安"，不是故意要求读书人吃不饱、穿不暖、住不好，而是说读书人要有远大的志向。努力学习是很重要的，但要树立明确而崇高的志向，不能仅仅为了解决吃住的问题而读书，不能为吃住等问题所累，不要为读书而读书，要克服经济上暂时的困难，为修身治国而读书，坚持学习，为了"博施于民而能济众"而学习。

明末清初著名爱国学者、杰出的思想家王夫之说："志定而学乃益，未闻无志而以学为志者也。"意谓只有立下了志向，有目的地读书，才会有收获；没听说过没有志向，为读书而读书的。"志定"还要"好学"，学业才能有所成就。明初开国功臣宋濂幼年时就酷爱学习，但因家境贫寒，无法上学，就经常从藏书人那里借书，亲手抄录，按日期归还主人。隆冬天气，墨水结冰，手指不能屈伸，他也丝毫不敢懈怠，抄完后赶忙送回去，不敢错过日期。书法家王羲之临池学书，池水尽黑。曾巩客居临川，访墨池而发思古之幽情，作《墨池记》，用以激励当世及后世的学者。宋濂、王羲之的勤奋好学被后世传为美谈。毛主席少年时便怀着救世济民的思想而读书，周恩来是"为中华之崛起而读书"。正因有远大抱负，他们不但成为莘莘学子中的佼佼者，而且最终成为一代伟人。

2. 勤快谨慎。"敏于事而慎于言"是好学者的优秀品质，也是治学应有的态度，少说多做，在做中学习本领，说话言之有理，言之有物，实事求是，不弄虚作假。

3. 虚心求教。学习时应虚怀若谷，不耻下问，甘当小学生。只有这样，才能不断进步。

实践证明，古往今来有成就的学者都具备了孔子提出的这三个条件。远大志向是学习的动力，勤是学习收获的保证，虚心是学习进步的源泉。

善学之途

学思结合、知行合一缺一不可,不能偏废。

> 子曰：『学而不思则罔，思而不学则殆。』
>
> ——《论语·为政》

◆ 白话译文

孔子说："只是学习却不思考就会望文生义，迷惑而无所得；只是思考却不学习就会精神疲倦，终无所得。"

◆ 古人成果

孔子用很简练的语言，说明了"学"与"思"二者相辅相成的关系。"学"是求乎外，在于知物；"思"是求乎内，在于明理。"学"与"思"必须并重，不可偏废。

学习是十分重要的，战国末期儒学大师荀子的不朽之作《劝学篇》特别强调学习的重要性。他说"学不可以已""君子博学而日参省乎己，则知明而行无过矣""吾尝终日而思矣，不如须臾之所学也"，还说"锲而不舍，金石可镂"，想学有所成，贵在坚持。

学习很重要，但思考同样重要。

孔子曰："君子有九思：视思明，听思聪，色思温，貌思恭，言思忠，事思敬，疑思问，忿思难，见得思义。"(《论语·季氏》) 孔子说，君子要经常思考九件事，这是教人善于思考。

1. 视思明：看事物的时候，要看得清楚明白，是真、善、美，还是假、恶、丑，要掌握观察事物的方法，既要看外表，又要看内里，既要看现象，又要看本质。有的东西外表美丽，但内容丑陋，所谓金玉其外，败絮其中，不要被假象欺骗。要全面地看，不要以偏概全。事物是运动发展的，事物与事物之间又是互相联系、互相制约着的，所以看待事物必须用综合的、发展的眼光看。

2. 听思聪：听话要听清楚，要听得清楚，就要集中注意力去听。此外，正面的话要听，反面的意见也要听。

3. 色思温："色"指脸色。待人接物时，脸色要温和。温和的脸色，是善良内心的显现。你有一个好脸色，男女老幼都愿意亲近你。

4. 貌思恭："貌"是指人的体貌。整个体态一定要庄重恭敬，不要傲慢轻蔑。你尊重别人，别人也会尊重你，愿意与你共处、共事。

5. 言思忠:"忠"是指忠诚老实。说话要忠诚老实,为人处世,不要说假话、打妄语。

6. 事思敬:指做事一定要认真谨慎。

7. 疑思问:有疑问,一定要向别人请教,不要不懂装懂。有问题和大家商量,集思广益,就会想出一些好办法来。

8. 忿思难:"难"在这里是指灾难、后患。发怒了,要考虑是否有后患,人要学会制怒,如果放任自己发怒,就会失去理智。

9. 见得思义:看见有利可图了,要考虑是否合于义。"义"是正义、道义,不合于义的利不能要。

同是学习《论语》中的一句话,学了之后"思"与"不思"的结果是截然不同的。子曰:"唯女子与小人为难养也,近之则不孙,远之则怨。"(《论语·阳货》)学而不思的人,只从文字的表面看,就认为孔子轻视妇女,而且说孔子把女人和小人列在一起,说他们"近之则不孙,远之则怨"。这是学而不思的结果。

郑熙读《论语》持学、思结合的态度,他编著《修齐治平之道新探》一书,记载了他对孔子这句话的深入研究和思考。郑熙认为这句话也许是孔子说过的话当中,最受世人诟病的一句。

这句话历来被视为孔子鄙视妇女和体力劳动者的证据,其实这是一个误解。要准确理解孔子这句话的意思,必须先弄清楚这里的"女子"与"小人"指的是谁。

有人说，指的是所有的妇女和孩子。这不可能，因为孔子的母亲也是妇女，连自己的母亲也列入公开批评的对象，这对历来十分注重孝道的孔子来说，是一件不可能的事。

有人说，指的是普通人家的妻、子和仆人。这也不可能，因为孔子历来十分尊敬妻、子。《礼记·哀公问》记载了孔子的一段话："昔三代明王之政，必敬其妻子也，有道。妻也者，亲之主也，敢不敬与？子也者，亲之后也，敢不敬与？"把对妻、子的尊敬和对父母的孝道联系在一起，并把尊敬妻、子提高到贤明君主治国原则的高度来看待的孔子，怎么会突然改变自己的信念，无缘无故地发表一通鄙视妻、子的"高论"呢？

有人说，指的是卫灵公的夫人南子和她手下的仆从，这也不可能。《史记·孔子世家》记载了与南子有关的一件事："居卫月余，灵公与夫人同车，宦者雍渠参乘，出，使孔子为次乘，招摇市过之。孔子曰：'吾未见好德如好色者也。'于是丑之，去卫。"说的是孔子受卫国国君的邀请来到了卫国，但在卫国期间，孔子发现卫灵公只不过是个好色之徒，对治国理政并没有多大理想，对自己的到来也没有给予应有的重视和礼遇。孔子感到再逗留下去也没意思，于是愤然离开了卫国。这段记载表明，孔子不满的主要是卫灵公的表现，而不是南子夫人和她手下的仆人"难养"。"难养"不

"难养"是卫灵公的感受，应与孔子无关。再说，只要卫灵公"自身正"，南子夫人和她手下的仆人"难养"的问题自然会解决，用不着孔子在这个问题上费唇舌。

有人说，指的是家族内部沾有"近之则不孙，远之则怨"这种毛病的女子和小人。笔者认为，在所有的解释中，这个解释看来是最合理的。

"唯女子与小人为难养也"后面的"近之则不孙，远之则怨"是用来说明孔子认为难养的女子和小人的具体特征的。人们把后一句去掉，而单独把前一句抽出来说事，当然容易产生断章取义的毛病。从句子的整体意思分析，孔子批评的对象只是女子和小人当中的一部分，即有"近之则不孙，远之则怨"这种毛病的那部分，而不是全部的女子和小人。换句话说，孔子的批评对事不对人，而不是对人不对事。把孔子针对特定对象和事件说的话扩大为针对女子和小人的全体，这就完全曲解了原话的意思，使之变成了鄙视妇女的证据。

在这里，我们不妨进一步探讨一下，孔子为什么要特别提到"近之则不孙，远之则怨"的现象。笔者认为，这很可能是孔子对人们治家过程中经常遇到的一些问题感到困惑而发出的感慨。

《礼记·丧服四制》里面有这样一句话："门内之治，恩掩义；门外之治，义断恩。"这里的"门内"和"门外"显然是指家族内和家族外。家族内部的治理和家族外部的治理往往有很大的区别。"门内之治，恩掩义"是指家族内部的治理，因为相互间有亲属的关系，亲情往往重于义理，所以在处理家族内部女子和小人的事务时就容易犯难。你侧重于亲情，在感情上对他们亲近一点，他们就会恃宠放肆；你侧重于义理，又会因感情上疏远他们而招致怨恨。"门外之治，义断恩"是指家族外部的治理，因为相互间不存在亲属关系而摆脱了亲情的干扰，所以义理比较容易成为判断是非的依据，从而避免了"恩掩义"的弊端。

在亲情和义理之间、人情和道理之间发生矛盾时感到左右为难，这可能就是孔子发出"唯女子与小人为难养也，近之则不孙，远之则怨"这样一种感慨的主要原因。这种让圣人也感到尴尬的两难处境，是由"门内之治，恩掩义；门外之治，义断恩"的习惯和礼制造成的。

"门内之治，恩掩义；门外之治，义断恩"在现代化的社会里早已失去了它存在的合法性，但作为一种历史习惯，还是很难在短期内消失的。情和理、恩和义的矛盾恐怕会长期存在，这就需要国家机关通过健全的法制和对公民长期的教育才能逐步解决。

除此之外，孔子也强调了"学"与"行"之间的重要联系。

孔子主张"学而知之"，而且"知"之后就要行。

子曰:"学而时习之。"这句话的"习",有人作"温习"解,句意为对学得的知识要按时去温习它;有的人作"实践"解。笔者觉得后一种解释更准确一些。因为"习"的繁体字作"習",从"羽"从"白","羽"是指小鸟,"白"是指多次,小鸟出生后在妈妈的教导下经过多次的飞翔练习,便可以远走高飞了。所以,"习"有实习、实践的意思。孔子重视实践,反对学了不做,"习"字作实践解应更符合孔子的本意。

子曰:"文,莫吾犹人也。躬行君子,则吾未之有得。"(《论语·述而》)孔子说:"书本上的学问,大概我和别人差不多。至于身体力行的君子,我还没有做到。"孔子在学习方面,可以说已达到了高峰,但他始终不认为自己了不起,只说"大概我和别人差不多"。孔子一贯是学了就用,说了就做,却还说自己在"躬行"方面尚未做到。这些除了说明孔子态度谦虚,更说明孔子倡导努力学习,掌握更多的知识,而且要知行合一,身体力行。"躬行"使学习书本上的知识有了意义,不然学而不用等于没有学。毛主席说:"读书是学习,使用也是学习,而且是更重要的学习。""对于马克思主义的理论,要能够精通它、应用它,精通的目的全在于应用。""如果有了正确的理论,只是把它空谈一阵,束之高阁,并不实行,那末,这种理论再好也是没有意义的。"不难看出,毛主席也强调"知行合一"的治学精神。

孔子强调学了就要用，说了就要做，十分重视言行一致的问题。孔子在"言"与"行"的问题上，对君子的要求更高一些。子贡问怎样做才是君子。子曰："先行其言而后从之。"意思是先去做，然后再按照做了的去说，这就可以称君子了。对于君子不是"说了就做"，而是"做了再说"。做到了就说，没做到就不说。

孔子不仅主张学用结合，而且强调活学活用，反对死读书，读死书。

子曰："诵诗三百，授之以政，不达；使于四方，不能专对，虽多，亦奚以为？"（《论语·子路》）孔子说："熟读《诗经》三百篇，交给他政务，却办不了；派他出使外国，却不能独立地去谈判交涉，读得再多，又有什么用呢？"

《诗经》的思想和艺术水平很高，是我国诗歌现实主义优良传统的源头。《诗经》除文学之外，在政治、军事、外交等方面也发挥着巨大的作用。孔子认为，你把《诗经》读得再多再熟，读了之后一点都不会应用，又有什么意义呢？孔子的话说明了一个道理，看书学习的目的是用，是做好工作、解决问题。明末清初著名的思想家王夫之说："夫读书将以何为哉？辨其大义，以立修己治人之体也；察其微言，以善精义入神之用也。"意思是说，读书是用来干什么的呢？应该是明察书中重大深刻的意义，用来建立修身治国的思想体系；应该是体味它含义精微的言辞，以便掌握书的精神,达到运用起来出神入化的境地。可见王夫之也是认同孔子的。

死读书的危害是很大的。赵括纸上谈兵的故事就是个很典型的例子。秦国王齕率军占领上党后,还想向长平进攻。赵国廉颇率领二十多万大军坚守长平,他令兵士们修筑堡垒,深挖壕沟,跟远来的秦军对峙,准备做长期抵抗。王齕几次三番向赵军挑战,廉颇都不跟他们交战。王齕想不出什么法子,只好派人回报秦昭襄王,说:"廉颇是个有经验的老将,不轻易出来交战。我军远道而来,长期下去,就怕粮草接济不上,怎么办?"秦昭襄王采纳了范雎的"反间计",派人散布"秦国就是怕让年富力强的赵括带兵,廉颇不中用,眼看就快投降啦"的传言。赵孝成王听到这些信息后,便问赵括能不能打退秦军。赵括说:"要是秦国派白起来,我还得考虑如何对付。如今来的是王齕,打败他不在话下。"赵王听了很高兴,就拜赵括为大将军,让他去接替廉颇。

赵括是赵国将军赵奢的儿子,从小爱学兵法,熟读兵书,谈起用兵来头头是道,自以为天下无敌,连他父亲也不放在眼里。现在赵王要拜他为大将军去接替廉颇,蔺相如和赵括的母亲都请求赵王千万别这么做。可赵王不听,仍令赵括领兵到长平,把廉颇调回邯郸。赵括一到长平就把廉颇规定的一套制度全部废除,并下命令:"秦国再来挑战,必须迎头打回去。敌人打败了,就得追下去,非杀得他们片甲不留不可。"秦国知道自己的反间计成功，就秘密派白起为上将军，去指挥秦军。白起一到长平，就故意败阵诱赵括追赶，又派兵切断赵军后路，再另派骑兵直冲赵军大营，把赵军切成两段。赵括这时才知道秦军的厉害，只好坚守等待救兵。而秦国又发兵切断赵国救兵和运粮的道路。赵括的军队内无粮草，外无救兵，守了四十多天，兵士都叫苦连天，无心作战。赵括想带兵冲出重围，秦军万箭齐发，把赵括射死。赵军将士见主将被杀，纷纷扔下武器投降。几十万赵军，就在纸上谈兵的主帅赵括手里全军覆没了，这就是死读书的悲哀。

◆ 今人实践

当前我国有的学校教育出现了重学轻思的偏向，突出表现在无处不在的标准化——标准教材、标准试卷、标准答案。其中，标准化答案问题不少。理科知识的确存在一定的标准性、唯一性与排他性，如数字、公式、定理等。文科知识则不然，通常可分为两类，一类是指涉事实、语法、拼写之类的"硬知识"，另一类是关于智力、观点、风格之类的"软知识"。

在考试设计中，前者可以设定单一标准答案，但后者的答案不应设定唯一的、排他的、标准的答案。如语文老师出题："三国故事里谁最有智慧？"某小学生刚看过《三国演义》

彩图本，很流畅地写出了答案——孔明和庞统。教师却打了大红叉，说"诸葛亮"才是标准答案。又如，老师要求根据"思想一致，共同努力"这个句子写一个成语，学生的答案是"齐心协力"，结果老师判错，标准答案是"共同协力"。

春意盎然的四月，一位优秀语文老师在上公开课。老师出题"窗外"，让小学生观察室外并报告眼中的景物。有的说看到了长出了嫩叶的大树，有的说看到了蓝天白云，有的说看到了摩天大楼。老师说，你们都错了，标准答案是"我看到了春天"。以这样的"标准答案"否定孩子们的答案实在荒唐。在这种标准化的"生产线上"，只会把学生塑造成千篇一律的"标准件"，进而彻底扼杀他们的童真、好奇心和想象力。学生的想象力不应被"标准答案"绑架，我们的教育只有最大可能地"去标准化"，才能培养出更多创新型人才。

教育的本质是独立思考和学会创新。2013年8月，上海纽约大学举行新生入学仪式，曾任密歇根大学法学院院长、康奈尔大学第11任校长的美方校长杰弗里·雷蒙致辞时指出："大学教育不只是给你们前人的智慧，不只是要给你们已有的知识，也不只是要告诉你们某个正确的答案。""创造者、发明者和领导者不可能靠背诵和记忆别人的答案来创造、发明和领导。他们必须掌握为旧问题给出新的、更好的答案的能力，必须掌握能及时发现旧答案已经不合时宜的能力，因为世界是在不停变化的。"

◆ **总结反思**

我们要把"学"与"思"结合起来，因为"学而不思则罔"。譬如学开汽车，听了教练的讲课和实际指点，如果不经过思考把道理弄明白，汽车就难开好，汽车有了问题，也不知道问题出在什么地方。

"思而不学则殆"，这里的"思"是指无根据、不学习、无调查研究的胡思乱想，是一种虚无的空想。根据自己的胡思乱想计划行动、主持工作注定是要失败的。还是举学开汽车的例子：如果认为开汽车简单，不经学习就想当然地硬去开，那就十分危险，必然造成车毁人亡的灾祸。任何学习都应学思并重、学思结合，这是孔子治学的一条重要原则。

"'空谈误国，实干兴邦'这是千百年来人们从历史经验教训中总结出来的治国理政的一个重要结论。"这是习近平总书记于2011年3月1日在中共中央党校春季学期开学典礼上说的一句话。2012年11月29日，习近平总书记参观"复兴之路"时发表讲话，再次提到"空谈误国，实干兴邦"，他说："实现中华民族伟大复兴是一项光荣而艰巨的事业，需要一代又一代中国人共同为之努力。空谈误国，实干兴邦。"

现在我国的综合国力大幅度提升,人民生活水平显著提高,衣食住行用条件明显改善。民主法治建设迈出新步伐,社会主义法治国家建设成绩显著,文化建设迈上了新台阶,社会建设取得了新进步,国防和军队建设开创新局面。这些巨大的成就都是全国人民真抓实干的结果。反观当下,虽然绝大多数人是实干家,但仍然有些人空谈、不干实事,我们一定要克服这些毛病。特别是广大的教育工作者,担负着培养人才的责任和使命,在教学过程中,一定要贯彻孔子知行合一的治学精神,培养出更多的实干家。

严谨求实

不凭空猜想,不绝对肯定,不拘泥固执,不自以为是。

子绝四：毋意，毋必，毋固，毋我。

——《论语·子罕》

- ◆ **白话译文**

孔子杜绝了四种弊病：不凭空猜想，不绝对肯定，不拘泥固执，不自以为是。

- ◆ **古人成果**

在认识真理方面，在做学问、研究问题的过程中，孔子始终秉持严谨求实的态度。在上文中，《论语》所述的这四种缺点概括起来就是主观独断，即主观主义，这是孔子明确反对的。

《三国演义》中"马谡拒谏失街亭"的战例，就是一个用主观主义来指导战役而惨遭失败的典型例子。魏兵来袭，孔明深知"街亭虽小,干系甚重:倘街亭有失,吾大军休矣"。参军马谡自愿守街亭,孔明派上将王平相助。马谡、王平二人领兵来到街亭,看了地势。王平根据实际情况,提出了"可就此五路总口下寨,却令军士伐木为栅,以图久计"的策略。可是马谡极力反对,坚持要在山上屯军。王平再三阐明"若屯兵当道,筑起城垣,贼兵总有十万,不能偷过;今若弃此要路,屯兵于山上,倘魏兵骤至,四面围定,将何策保之?"王平还进一步指出:"今观此山,乃绝地也。若魏兵绝我汲水之道,军士不战自乱矣。"而马谡死背兵书上的教条,说什么"凭高视下,势如劈竹,置之死地而后生。若魏兵绝我汲水之道,蜀兵岂不死战?以一可以当百也",坚持自己的错误主张。结果魏兵围山攻打,又断了汲水道路,蜀兵自乱,街亭失守。

中国文化很早就形成了严谨求实的传统,《论语》中就有不少有关求实的语录。

1. 子曰:"由,诲女知之乎!知之为知之,不知为不知,是知也。"(《论语·为政》)孔子说:"仲由啊,我教给你的知识,你懂了吗?懂得就是懂得,不懂就是不懂,这才是聪明啊。"孔子所说,正是做人与做学问的道理,值得我们牢牢记住。

"知之为知之,不知为不知",体现了一个人诚实的品格。做老实人,讲老实话,办老实事,为人诚信,不弄虚作假，这是做人的基本原则，也是高尚道德品格的基本要求。当今社会出现了假烟、假酒、假文凭、假职称、假政绩等造假现象，究其原因，很重要的一条就是造假者失去了诚信的品格，是他们灵魂深处的私欲在作怪。

"知之为知之，不知为不知"，也是看书学习搞科研的原则。科学是老老实实的学问，任何一点弄虚作假都是不行的，不懂装懂危害无穷。假若一个学习开飞机的人，刚学习一点皮毛知识，就说学懂了，如此把飞机开上天，不落得个机毁人亡才怪呢！

"知之为知之，不知为不知"，又是谦虚谨慎，有甘当小学生精神的表现。不懂装懂的人肯定不会谦虚。没有求知的欲望，肯定没有刻苦钻研的精神。"知之为知之，不知为不知"的人，才是聪明的人，而不知以为知的人终会自食其果。

2.子张学干禄。子曰："多闻阙疑，慎言其余，则寡尤；多见阙殆，慎行其余，则寡悔。言寡尤，行寡悔，禄在其中矣。"（《论语·为政》）这段话的意思是，子张向孔子请教谋求官职的方法。孔子说："要多听听各种意见，把可疑的意见暂时留下，对其余可信的意见谨慎地说出自己的看法，那么就可以少犯错误。要多看看各种事情，把可疑不清的事情暂时搁下，而谨慎地去做其余有把握的事情，就能减少后悔。说话少犯错误，做事很少后悔，谋求官职的机遇就在其中了。"

孔子谋求官职的办法非常正派，不走后门，不拉关系，也不用钱买官，而是靠自己的实力。他认为应多闻多见，让自己见多识广。对存疑的意见和情况，暂且放下；对于可信的事，才谨慎地发表自己的意见，且谨慎地去做。这样会增加做事成功的概率，减少犯错误的概率。加强品德修养，善于思考，分清是非，识别真伪，提高分析问题、解决问题的能力，这样就会在工作生活中突显个人的人格魅力，进而成为一个德才兼备的人。能够做到这样，做官的机遇就在其中了。孔子的一席话，充满了求真务实的精神。求官是这样，治学也是这样，都要有求实精神。

3. 关于求实，孔子和子路有过这么一段对话。

> 子路曰："卫君待子而为政，子将奚先？"
> 子曰："必也正名乎！"
> 子路曰："有是哉，子之迂也，奚其正？"
> 子曰："野哉，由也！君子于其所不知，盖阙如也。名不正则言不顺，言不顺则事不成，事不成则礼乐不兴，礼乐不兴则刑罚不中，刑罚不中则民无所措手足。故君子名之必可言也，言之必可行也。君子于其言，无所苟而已矣。"

子路对孔子说:"假如卫国国君等待您去治理国家,您首先要做的是什么事呢?"孔子说:"必须先正名分吧!"子路说:"有这么做的吗?您太迂腐了。名分有什么正的必要吗?"孔子说:"仲由,你真粗野啊!君子对自己所不懂的事情,大概总得抱着存疑的态度吧。如果名分不正,言语就不顺;言语不顺,事情就办不成;事情办不成,国家的礼乐制度就不能兴建起来;礼乐制度兴建不起来,刑罚的制定、实施就不会公正合理;刑罚的制定、实施不公正合理,人民就手足无措。所以,君子确定名分必须可以说得出口,既能说得出口,也一定可以行得通。君子对自己所说的话,不能有一点随便马虎。"

这是子路和孔子关于"正名"的一段非常著名的对话。当子路问老师"卫君待子而为政,子将奚先"时,孔子提出了"正名"的主张,并且把为什么要"正名",如不"正名"有什么危害都分析论述得非常清楚明白。"正名"就是使"名"与"实"相符。"正名"的目的和原则就是"正实"。孔子这种求实的主张,既是治国之本,也是治学的重要原则。

◆ 一点延伸

学会从师、懂得谦虚,也是严谨求实精神的重要延伸。唐代著名的文学家韩愈在他的《师说》一文中说:"古之学者必有师。师者，所以传道受业解惑也。"意思是说，古时候求学的人必定有老师。老师是传授道理、讲授学业、解释疑难问题的人。所以说从师也是治学的一个重要内容，要想学得好，先得会从师。

拜谁为师呢？子曰："三人行，必有我师焉。择其善者而从之，其不善者而改之。"（《论语·述而》）又说："见贤思齐焉，见不贤而内自省也。"（《论语·里仁》）孔子认为群众中许多人都有丰富的实践经验和学问，应拜群众为师、能者为师，还认为贤与不贤者都可以作为自己的老师。可以说孔子这种求师学习的态度是非常难能可贵的。

贤者可以为师。贤者，今天可以理解为德才兼备的人，是各行各业的精英，是时代的先进分子。"见贤思齐"就是学先进、赶先进，也可以理解为以能者为师，只要别人的思想、道德品质有亮点，业务上有一技之长，都可以拜他为师，向他学习。孔子就没有固定的老师，社会是他的大课堂，人民群众就是他的老师。郯子是春秋时郯国的国君，孔子曾向他请教官职的名称；苌弘是周敬王时的大夫，孔子跟他请教过关于音乐的事；师襄是春秋时鲁国的乐官，孔子跟他学过琴；老聃就是老子，是春秋时的思想家，道家的创始人，孔子曾向他问礼。郯子等人，他们的才能和道德可能赶不上孔子，可是他们每个人都有专长，孔子就虚心向他们学习。韩愈说："孔子曰：'三人行，则必有我师'。是故弟子不必不如师，师不必贤于弟子，闻道有先后，术业有专攻，如是而已。"（《师说》）中华人民共和国成立50周年之际，国家隆重表彰为"两弹一星"研制做出贡献的23位科学家，半数出自叶企孙门下。陈景润、王元、陆启铿、万哲先等，师从著名数学家华罗庚教授，成了数学研究事业的接班人。可见从师之重要，名师出高徒。

不贤者也可为师。此话怎讲？"见不贤而内自省也。"看见那些道德败坏、行为不端的人，就要联系到自身，进行自省，进行对照检查，看看自己身上是否也有不贤者的缺点和错误，如果有就赶快克服缺点，改正错误。这时，不贤者就是自己的反面教员，也是自己的老师。

"见不贤而内自省"，自省是使人悔过自新、推人进步的内力。自省，是自我批评，是克服缺点、改正错误的武器，是治病救人的良方妙药。遗憾的是，有的人见不贤不仅没有内自省，反而跟着不贤者学坏。2002年，武汉中级人民法院有13名法官（其中有副院长柯昌信、胡昌尤）和44名律师涉案，被当作司法系统典型的"腐败窝案"，震惊中国司法界。这次窝案过后，周文轩当选为武汉市中级人民法院院长。周文轩不仅没有"见不贤而内自省"，反而向腐败的前任学习，认真研究"腐败窝案被查处的原因"，独创一套反侦查的办法。他故作"高调反腐"的姿态，暗地里却大搞腐败，最后受到法律的惩处。武汉市中级人民法院两任院长"前腐后继"的案例值得人们思考。

要把贤者与不贤者都当作老师,关键是要有虚心好学的态度和迫切求知的欲望,还要有敢于自省的勇气。宋濂是明初的政治家、文学家,他在《送东阳马生序》一文中,介绍了一次向家乡先辈求教的经过:我曾经奔走百里以外,访问家乡一位有名望的先辈,手持经书向他求教。这位先辈道德学问都很高,门人弟子挤满他的房间。他一直板着面孔,从未缓和一下语气和表情。我站立在他身旁,提出疑问,探寻道理,俯身侧耳向他求教。有时遇到他生气训斥人,我的态度反而愈加恭敬,礼节愈加周到,不敢回一句话。一直等他高兴了,才继续向他请教。所以尽管我不算聪明,但还是学到了一些知识。谁看了这段文字,都会被宋濂虚心向别人求教的精神感动,这就是"见贤思齐"的典范。

子贡问曰:"孔文子何以谓之'文'也?"子曰:"敏而好学,不耻下问,是以谓之'文'也。"(《论语·公冶长》)子贡问道:"孔文子凭什么被谥为'文'呢?"孔子说:"他聪明勤快,爱好学习,向下面的人请教而不以为耻,所以被谥为'文'了。"

孔文子是卫国的执政上卿,姓孔名圉,字仲叔,"文"乃其谥号。古代帝王、贵族、大臣等死后,根据他生前的品德、事迹给予的称号叫"谥"。例如鲁哀公的"哀",晋文公的"文",诸葛亮谥"忠武",岳飞谥"武穆",等等。

据《左传》记载，孔圉是卫国的老臣，很有权势。他让卫国的继承人太叔疾休弃了妻子，而把自己的女儿孔姞嫁给他。但太叔疾结婚后又和前妻的妹妹同居，使孔圉十分生气，就夺回自己的女儿，并且要去攻打太叔疾。在动手之前，他先征求孔子的意见。这时孔子在卫国已待了很长时间，在卫国君臣的心目中有很高的威望，有的弟子已在卫国做了官。孔圉问孔子怎样攻打太叔疾。孔子说："祭祀的事情我曾经学过，战争的事情我没有听说过。"说完就命人套车，想离开卫国，并且说："鸟则择木，木岂能择鸟？"孔圉连忙拦住孔子说："圉哪里敢为自己打算？我为的是防止卫国的祸患。"孔子见孔圉是真心实意留自己，就决定不走了。正在这时，鲁国派人带着财礼请孔子回国，于是孔子就回国了。看来孔圉这个人的品德并不好，而"文"是一个好谥号，因此，子贡提出疑问。孔子认为孔圉的品德虽然不好，但他身上还有"敏而好学，不耻下问"的优点。位高者往往不好学而耻于下问，而孔文子却不是这样，所以谥为"文"了。古代的谥法很宽，所谓"节以一惠"，就是把一个人身上的许多缺点都"节略"，而取其中一善来谥。

"敏而好学，不耻下问"是孔子倡导的治学思想之一，今天仍然值得我们提倡和学习。"敏"是聪明的意思，一个人的聪明与先天遗传有一定的关系，但更重要的是后天的教育和学习，要靠好学和不耻下问。

"不耻下问"是虚心向群众学习，有甘当小学生的精神。"子入太庙，每事问。"（《论语·八佾》）古代开国的君主叫太祖，祭祀太祖的庙叫太庙，因为周公（姬旦）是鲁国最初受封的国君，所以鲁国的太庙就是祭祀周公的庙。孔子进入太庙，对每件事都要问一问。以孔子的博学多才，尤精于礼，对太庙祭祀的事情包括一些细节，应该说是很了解的，但为了做到万无一失，孔子还是像一个小学生一样"每事问"。孔子认为自己这样做是出于对太庙祭祀的"诚敬"，这是礼所要求的。当下有些人不懂装懂，因为怕丢面子，耻于下问，常常没有把事办好，对比起来孔子不耻下问的精神十分宝贵。毛主席的文章就引用了孔子"不耻下问"这句话："我们切不可强不知以为知，要'不耻下问'，要善于倾听下面干部的意见。"

清代学者刘开对于学和问有独到的见解。他说："君子之学必好问。问与学，相辅而行者也；非学无以致疑，非问无以广识。好学而不勤问，非真能好学者也，理明矣，而或不达于事；识其大矣，而或不知其细；舍问，其奚决焉？"（《孟涂文集·问说》）把"学问"中的一个"问"字分析得很深刻。向谁问呢？刘开指出要向"贤于己者"问，向"不如己者"问，向"等于己者"问。三问各得其所，可以消除疑问，也可以得到一些启示，还可以彼此商讨研究，获得真知。因此，我们应当"敏而好学，不耻下问"，不要不懂装懂。

◆ **今人实践**

关于严谨求实,毛主席曾指出:"人们在社会实践中从事各项斗争,有了丰富的经验,有成功的,有失败的。无数客观外界的现象通过人的眼、耳、鼻、舌、身这五个官能反映到自己的头脑中来,开始是感性认识。这种感性认识的材料积累多了,就会产生一个飞跃,变成了理性认识,这就是思想。这是一个认识过程。这是整个认识过程的第一个阶段,即由客观物质到主观精神的阶段,由存在到思想的阶段。这时候的精神、思想(包括理论、政策、计划、办法)是否正确地反映了客观外界的规律,还是没有证明的,还不能确定是否正确,然后又有认识过程的第二个阶段,即由精神到物质的阶段,由思想到存在的阶段,这就是把第一个阶段得到的认识放到社会实践中去,看这些理论、政策、计划、办法等等是否能得到预期的成功。一般的说来,成功了的就是正确的,失败了的就是错误的"。

应该说,中华民族发展至今,能取得如此辉煌的成就,严谨求实的精神在其中发挥了至关重要的作用。尤其在当年,中华民族经历了抗日战争、解放战争、抗美援朝战争等一系列艰苦卓绝的战争后,整个国家民生凋敝、千疮百孔,如果没有马列主义、毛泽东思想的正确指引,没有对严谨求实精神的不懈坚持，难以想象我们如何独立自主地制造出"两弹一星"，又如何让全中国人民一步步摆脱饥饿和贫困，最终实现全民脱贫，实现小康社会。到如今，中国无论是经济还是科技领域，无论是军事还是社会主义建设，均走在了世界的前列。可以说，严谨求实的精神力量是伟大的，也将在中华民族迈向伟大的民族复兴道路上继续发挥重要作用。

◆ **总结反思**

凭空猜想、绝对肯定、拘泥固执、自以为是，这四种做法均是脱离实际的，并未遵循客观规律，因此是错误的。用主观主义的思想来治理国家、指导工作、处理问题就会犯错误，给国家和人民造成极大的损失。不主观独断，既是伦理意义上的美德，也是认识真理的前提。

严谨求实，严谨指严格缜密，是治学与执教的正确态度，亦是做人与做事的基本要求；而求实指求真务实、作风务实、追求实绩、讲求实效。无论我们从事何种工作，都要秉承严谨求实的工作作风，脚踏实地，一步一个脚印地把事情做好，唯有这样，个人才能进步，社会才能发展，我们全面建成社会主义现代化强国的目标才有希望实现。

我们应当坚定地继承由古代圣贤提出并由今人创造性发展的严谨求实之精神，做到古为今用，为发展社会主义教育事业服务，为社会主义现代化建设服务。

在现代教育中，学校分班、分科授课，好几个老师同教一个班。每个老师都各有各的长处，老师之间可以互相学习，扬长避短；学生则有机会向更多老师学习，博采众长。学生只有端正从师的态度，学业才能有所长进。